웃기는 英선생 시리즈

웃다가 건진 영어회화

양희성 지음

[만든 사람들]
기획 … 실용기획부
진행 … 권현숙
집필 … 양희성
편집 디자인 … 디자인크레타(www.designcreta.com)
표지 디자인 … 전연주

[책 내용 문의]
도서의 내용에 대한 궁금한 사항이 있으시면,
디지털북스 홈페이지의 게시판을 통해서 해결하실 수 있습니다.
디지털북스 홈페이지 … www.digitalbooks.co.kr

[각종 문의]
영업 관련 … hi@digitalbooks.co.kr
기획 관련 … digitalbooks@digitalbooks.co.kr
전화 번호 … (02)447-3157~8

※ 잘못된 책은 구입하신 서점에서 교환해 드립니다.
※ 이 책의 일부 혹은 전체 내용에 대한 무단 복사, 복제, 전재는 저작권법에 저촉됩니다.

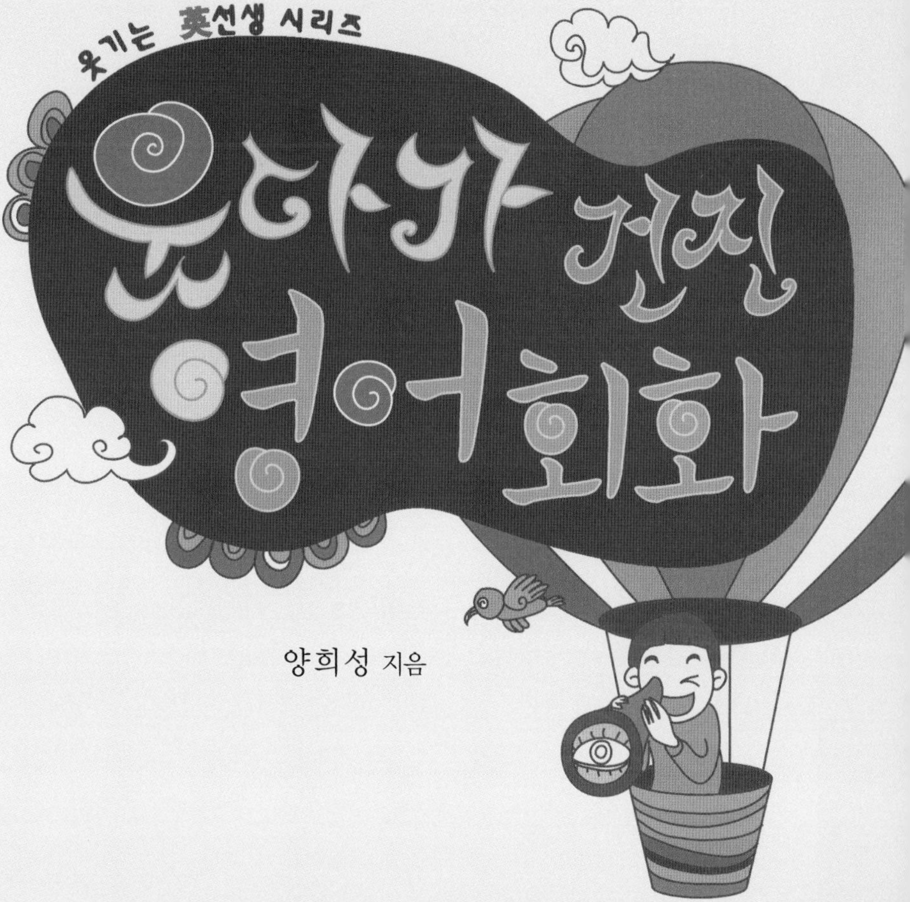

웃기는 英선생 시리즈

웃다가 건진 영어회화

양희성 지음

www.digitalbooks.co.kr

머 리 말...

지난 해 여름, 개인 홈페이지가 있는 싸이월드의 페이퍼 서비스를 통해서 〈웃다가 건진 개콘영어〉를 연재하기 시작했습니다.
제목 그대로 TV 코미디 프로인 〈개그콘서트〉를 보다가 웃겼던 장면이나 유행어를 모티브로 해서 쓴 영어학습 칼럼이었습니다.

비교적 짧은 시간에 많은 독자들의 관심과 사랑을 받는 인기 페이퍼(블로그)가 되었고, 그것이 계기가 되어 이렇게 새로운 기획으로 책을 출간하게 되었습니다. 인터넷의 위력을 다시 한 번 실감합니다.

이 책은 영어회화 핵심 기본표현을 다룬 책입니다. 네이티브(원어민)들이 가장 많이 쓰는 표현 중에서 비교적 짧고 쉬운 140개 표현을 뽑은 것입니다. 단순히 영어표현에 대한 궁금증만을 갖게 하는 흥미 위주의 이디엄(Idiom)이나 속담, 사용빈도가 아주 낮은 표현들은 제외하였습니다. 140개의 표현과 함께 본문에 언급되어 있는 수백 개의 관련 표현들만으로도 여러분의 영어표현 영역이 풍요로워질 것이라 확신합니다.

또 이 책은 누구나 공감할 수 있는 일상적인 경험담과 함께, 마치 가까운 친구나 동료에게 쓸 수 있는 친숙한 어조(반말)로 내용을 전달하고 있습니다. 학습에 따른 지루함과 부담을 줄일 수 있는 재미요소라 생각하시고 오해는 없으시길 바랍니다.

종종 어떻게 하면 영어회화를 잘 할 수 있느냐는 질문을 많이 듣습니다. 아시다시피, 영어도 언어이며, 우리에게는 모국어가 아닙니다. 단순히 많이 듣는다고 해서 귀가 열리고 말문이 터지는 것이 결코 아닙니다. 일정한 나이(보통 13세 정도) 이전에 영어를 습득하지 못했다면, 외국어로서 종합적이고 포괄적인 학습을 해야만 합니다. 그만큼 일정한 수준에 이르기까지 많은 노력과 시간이 요구되는 것이 영어입니다.

일단 나에게는 어느 정도의 영어회화 수준이 필요한지에 대한 '분명한 목표치'가

있어야 합니다. 유창한 발음이나 품격 있고 세련된 고급영어를 구사하는 것이 누구에게나 필요한 것은 아닐 것입니다. 또 그것이 모두에게 가능하지도 않다는 것을 감히 말씀 드리고 싶습니다. 우리가 잘 아는 유명 영어강사들 역시 결코 원어민처럼 발음하지는 않습니다. 각자의 형편과 수준에 맞는 구체적인 학습목표를 잡아 보십시오.

두 번째는 영어로 말할 수 있는 '주도적인 기회와 여건'을 만들어야 합니다. 그 곳이 좋은 시설을 갖춘 프리미엄급 영어학원이든 허름한 영어회화 동아리 모임이든 그것은 개인이 판단할 몫입니다. 중요한 것은 영어를 말하기 위해서는 연습을 해야 한다는 것입니다. 물론 원어민과 대화를 꾸준히 해보는 것이 가장 좋습니다. 아무리 좋은 표현을 많이 알고 있다 하더라도 소리 내어 말해보지 않은 표현들을 실전에서 바로 말하기란 쉽지 않습니다.

마지막으로 영어회화를 정말 잘하고 싶다면 좀 모자람이 있더라도 소위 '들이댈 수 있는 자신감과 배짱'이 있어야 합니다. '문법이 틀리면 어쩌나, 내 발음이 이상하다고 생각하면 어쩌나…' 이런 소심한 생각이 회화 공부에는 가장 큰 걸림돌이 된다는 것입니다.

가짜가 오히려 더 진짜 같은 요즘 세상에 무명의 블로거(blogger)가 가진 끼와 잠재력만을 믿고 출간을 제의해 주신 디지털북스 사장님 이하 임직원분들께 너무나 감사하다는 말씀을 드리고 싶습니다.

이 책이 나오기까지 변함없는 기도와 사랑으로 격려해 주신 부모님과 부족한 남편을 자랑스럽게 생각해 주는 아내 신수미, 그리고 씩씩하고 밝게 자라는 아들 예규와 딸 예지에게도 진심으로 사랑한다는 말을 전하고 싶습니다.

신도림에서 저자 양 희 성

Table of Contents...

Part 01

001	After you. _ 먼저 하세요	16
002	Are you out of your mind? _ 너 정신 나갔니?	17
003	Are you serious? _ 농담 아니지?	18
004	Are you with me? _ 듣고 있니?	19
005	Be careful! _ 조심해!	20
006	Be quiet! _ 조용히 해!	21
007	Beat it! _ 꺼져	22
008	Beats me. _ 전혀 몰라	23
009	Behave yourself. _ 얌전히 있어	24
010	Big deal. _ 어쩌라고	25
011	Bingo! _ 정답이야	26
012	By all means. _ 그러세요	27
013	Calm down. _ 진정해	28
014	Catch you later! _ 나중에 봐!	29
015	Come again? _ 뭐라고요?	30
016	Come on! _ 어서, 제발, 이거 왜 이래	31
017	Come to think of it _ 그러고 보니	32
018	Cool! _ 죽이는데!	33
019	Count me in. _ 나도 끼워줘	34
020	Don't get me wrong. _ 오해는 하지 마	35
021	Don't give me that! _ 핑계가 좋네!	36
022	Don't mind me. _ 신경 쓰지 마	37
023	Don't rush me! _ 보채지 좀 마!	38
024	Don't sweat it. _ 너무 걱정 마	39
025	Don't worry! _ 걱정 마	40
026	Dream on! _ 꿈 깨!	41
027	Drop by anytime. _ 언제든 들려	42

Part 02

028	Easy does it. _ 조심해	46
029	Enough said. _ 그만 됐어	47
030	First come, first served! _ 선착순!	48
031	First things first _ 중요한 것부터 먼저	49
032	Forget it! _ 별거 아냐! 그만해! 안 돼!	50
033	Frankly _ 솔직히 말해서	51
034	Get the picture? _ 감 잡았어? 이해가 돼?	52
035	Get to the point! _ 요점만 말해!	53
036	Give me a break. _ 좀 봐 줘, 그만 해	54
037	Go ahead. _ 어서 해, 계속 해	55
038	Go for it! _ 자, 해봐!	56
039	Good luck! _ 행운을 빌어!	57
040	Got a minute? _ 잠깐 시간 돼?	58
041	Gotcha! _ 알았어! 좋아! 잡았어!	59
042	Hang in there. _ 견뎌봐	60
043	Help yourself. _ 마음껏 드세요	61
044	Hold on. _ 잠시만요	62
045	How about ~? _ 어때?	63
046	How come? _ 이유가 뭐야?	64
047	How's it going? _ 요즘 어떻게 지내?	65

Part 03

048	I bet ~ _ 분명, 틀림없이	68
049	I can't afford it. _ 그럴만한 여유가 없어요	69
050	I can't believe this! _ 설마 이럴 수가	70
051	I can't help it _ 내가 어쩌겠어	71
052	I can't wait. _ 너무 기대돼	72
053	I can't stand it. _ 못 참겠어	73

차례 9

Table of Contents...

054 I don't care. _ 상관없어 74
055 I messed up. _ 죽 쒔어 75
056 I mean~ _ 그러니까 말이지 76
057 I promise~ _ 약속할게 77
058 I see. _ 알겠어, 알았어, 78
059 I suppose so. _ 그럴 거야, 그렇지 뭐 79
060 I tell you. _ 이건 정말인데, 정말이지 80
061 I think I'm coming down with something.
    _ 뭐에 걸렸나 봐 81
062 I told you. _ 내가 뭐랬어 82
063 I'll think about it. _ 생각해 볼게 83
064 I'm exhausted. _ 지친다 84
065 I'm full. _ 배불러 85
066 I'm just looking. _ 그냥 구경만 할게요 86
067 I'm sick and tired of it. _ 아주 지긋지긋해 87
068 I'm so nervous. _ 너무 긴장돼 88
069 I'm tied up. _ 너무 바빠 89
070 It depends. _ 상황 봐서 90
071 It serves you right. _ 인과응보야, 당해도 싸 91
072 It slipped my mind. _ 깜박했다 92
073 It's a done deal. _ 이미 결정이 된 거야 93
074 It's about time! _ 그럴 만한 때도 됐어! 94
075 It's been a long day. _ 힘든 하루였어 95
076 It's delicious! _ 맛있어! 96
077 It's driving me crazy. _ 미쳐 버리겠어 97
078 It's getting on my nerves. _ 신경 쓰여 98
079 It's nothing. _ 별 거 아냐 99
080 It's now or never. _ 지금이 절호의 기회야 100

Part 04

081	It's on me. _ 내가 낼게	101
082	It's on the tip of my tongue. _ 입에서만 뱅뱅 돌아	102
083	It's up to you. _ 너한테 달렸어	103
084	It's your turn. _ 네 차례야.	104
085	Join the club. _ 나도 마찬가지야, 동지 만났네	105
086	Just think! _ 한번 상상해 봐!	106
087	Leave me alone. _ 나 좀 내버려 둬	110
088	Let me know. _ 알려줘	111
089	Let's call it a day! _ 오늘은 여기까지!	112
090	Let's face it! _ 현실을 직시해!	113
091	Let's get going! _ 갑시다!	114
092	Let's keep in touch. _ 연락하고 지냅시다	115
093	Let's see. _ 어디 보자, 가만 있자	116
094	Look who's talking! _ 너나 잘해 사돈 남 말하네	117
095	Mind your own business! _ 너나 잘하세요!	118
096	Money is no object. _ 돈은 문제가 아니다	119
097	My pleasure. _ 별 말씀을	120
098	Never mind. _ 신경 쓰지 마	121
099	No problem. _ 문제 없어, 별거 아냐	122
100	No thanks. _ 고맙지만 됐어요	123
101	No way! _ 말도 안 돼!	124
102	No wonder. _ 당연해, 놀랄 것도 없어	125
103	Now you're talking! _ 바로 그거야! 그렇게 나와야지!	126
104	Oh, Boy! _ 이런! 와우!	127

Table of Contents...

Part 05

105 Really? _ 진짜야? 사실이야? 128
106 Same here. _ 나도 그래, 나도 마찬가지야 129
107 Since when? _ 언제부터? 130
108 So far, so good. _ 지금까지는 좋아 131
109 Something came up. _ 갑자기 일이 생겼어 132
110 Stop it! _ 그만해 133
111 Suit yourself. _ 알아서 해 134
112 Sure. _ 물론, 당근 135

113 Take it easy. _ 진정해, 살살해 138
114 Take it or leave it. _ 싫으면 관둬 139
115 Take your time. _ 천천히 해 140
116 Tell me about it. _ 누가 아니래 141
117 Tell you what. _ 이렇게 하시죠 142
118 That makes sense. _ 말 되네, 듣고 보니 알겠어, 143
119 That's funny. _ 거참 이상하네 144
120 That's that. _ 이것으로 끝, 그럼 그렇게 해 145
121 There's no hurry. _ 급할 거 없어, 146
122 What? _ 뭐? 뭐, 뭐어~? 147
123 What a drag! _ 왕짜증이야 148
124 What a mess! _ 완전 엉망이군! 149
125 What do you mean? _ 무슨 뜻이야? 뭔 소리야? 150
126 What do you say? _ 어떻게 생각해? 151
127 What's up? _ 요즘 어때? 152
128 What's wrong? _ 무슨 일이야? 153
129 Where were we? _ 우리 어디까지 얘기했지? 154

130 Who do you think you are?
_네가 뭔데? 너 대단해?   155

131 You bet. _당근이지   156

132 You can't beat~ _~가 최고다, 더 좋은 건 없다   157

133 You can count on me. _나만 믿어   158

134 You can say that again! _맞아! 정답이야   159

135 You know what? _그거 알아?   160

136 You know what I mean? _뭔 말인지 알지?   161

137 You never know. _그야 모르지   162

138 You'll be sorry. _두고 봐, 후회하게 될 거야   163

139 You're kidding. _설마? 농담이지? 무슨 소리!   164

140 You're wrong. _네가 틀렸어   165

• • • INDEX   166~173

01

웃기는 英선생
영어회화 핵심 기본 표현

윤아가 전진 영어회화

001 After you.
먼저 하세요

⋮

027 Drop by anytime.
언제든 들려

001

After you.
먼저 하세요

<u>공공장소에서는</u> 서로 지켜야 할 예절이 있어. 특히 엘리베이터에서는 타고 내리는 동안 버튼앞에 있는 사람이 열고 닫고 알아서 좀 잘해야 하는데, 가끔 보면 얌체같이 저부터 훌쩍 내리는 사람이 있다니까. 뒷사람이 문에 끼는 건 생각도 안 하나? ㅠㅠ

After you. 이렇게 먼저 내리라고 눈짓이라도 줘야지.

'먼저 가시죠, 내리시죠, 들어가시죠' 의 의미야.

양보의 표현이지. '앞에 가는 사람은 도둑놈, 뒤에 가는 사람은 경찰' 이라고 놀리던 어릴 적 놀이가 갑자기 생각나네. 양보하며 살자고. ^^
그런데 다른 건 다 양보해도 이 표현들만은 양보 못하겠어. 함께 챙겨둬. ㅋㅋ

- You go first. 먼저 가세요.
- I'll follow later. 뒤따라 갈게요.
- Don't wait for me. 기다리지 마세요.
- I'll catch up with you later. 나중에 따라 갈게요.

Useful Expressions

After you, please. 먼저 가세요/내리세요/들어가세요.

Go ahead without me. 저 빼고 먼저들 하세요.

After you with the pepper. 후추 먼저 치세요.

A : I think I'll go to lunch now, want to come along?
지금 점심 먹으러 갈까 하는데, 같이 갈래?
B : **You go first and I'll follow later.** 먼저 가, 나중에 내가 뒤따라 갈게.

002

Are you out of your mind?
너 정신 나갔니?

가끔 폭탄선언을 하는 친구들이 있어서 골치야. 멀쩡하게 다니던 직장을 그만둔다고?? 거기보다 훨씬 더 좋은 자리는 진작에 거절하더니…
당장 이렇게 말해 주고 싶어. **Are you out of your mind?** 정신이 있는 거냐고. be out of one's mind는 '정신 나간 사람처럼 행동하다' 라는 의미.

그렇게 몇 달 잘 쉬더니, 이젠 또 어디 면접을 보러 간단다. 근데 간만에 면접 보러 가는 녀석이 복장이 그게 뭐야!? 제발 이 얘기까지는 안 하려고 했는데. **You must be out of your mind.** 너 미쳤구나.
미치면 안 되지. 함께 알아두면 좋을 짤막한 표현 몇 개 더 정리해 볼게. ^^

- This is crazy. 이건 말도 안 돼.
- You're kidding. 농담하는 거지.
- Are you crazy? 너 미쳤냐?

Useful Expressions

This is crazy, this makes no sense. 미쳤어, 말도 안 돼.

Why did you do that? **You must be out of your mind!** 왜 그랬어? 정신이 나갔구나!

You must be out of your mind. You can't go to the interview dressed like that!
너 정신 나갔구나. 그렇게 입고 면접 보러 갈 순 없지.

Good grief, Steve! **You'd have to be out of your mind** to reject an offer like that.
맙소사, 스티브! 그런 제안을 거절하다니, 너 정신 나갔구나.

A : What are you doing? **Are you out of your mind?**
너 지금 뭐 하는 거니? 정신 나갔니?
B : Sorry. I'm not myself today. 미안. 오늘은 내 정신이 아니라서.

003

Are you serious?
농담 아니지?

조금 의외의 정보를 듣게 되면, **Are you serious?** '진심이야? 농담하는 거 아니지?' 정도의 느낌으로 상대방에게 되묻게 돼. 꼭 뭐 믿지 못해서는 아니야. 사실 확인의 의미도 있지만, 그냥 맞장구 치는 느낌으로 쓸 수도 있어. 다음의 비슷한 표현들과 함께 알아두면 좋을 거야. ^^

- Really? 정말?
- For real? 진짜?
- For sure? 확실해?
- Are you sure? 정말이야?
- Are you joking? 농담이지?

믿지 못하겠다는 투로 이런 말들을 듣게 된다면, 무게 딱 잡고 이렇게 받아치면 돼.

- Look, **I'm very serious** about this. 이것 봐, 나 절대 농담하는 거 아냐.

뭐, 그대가 양치기 소년이라면 아무리 얘기해도 믿지 않겠지만 말이야. ^^

Useful Expressions

A : We're getting a new LCD TV. LCD TV 하나 장만하려고 해.
B : **Are you serious?** 정말?

A : Kate is suing her husband for divorce. 케이트가 남편과 이혼소송 중이야.
B : **Are you serious?** 농담 아니지?

A : She's resigned. 그녀가 사직했어.
B : I don't believe it. **Are you sure?** Who did you hear from?
설마, 확실해? 누구한테 들었어?
A : **I'm serious** this time! Just don't say anything to her!
이번엔 진짜야! 그녀한테는 아무 말도 하지 마!

004

Are you with me?
듣고 있니?

남은 열심히 말하고 있는데 바로 코앞에서 딴청을 부리거나, 멍하니 딴 생각을 하고 있으면 이보다 더 김새는 일도 없어. 한 번씩 잘 듣고 있는지 중간점검(?)이 필요한데, 이때 요긴하게 쓸 수 있는 표현이 바로, **Are you with me?** 직역하면, '너 나와 같이 있는 거지? 지만 사실 '듣고 있니? 내 말 알아 들었어?' 정도의 의미가 되는 거야. **Are you listening to me?** 와 같은 표현이지.

반대로 내가 딴청을 부린 게 좀 찔리고 민망하면, **You've lost me.** 라고 말할 수도 있어. 직역하면, 네가 날 놓쳤다는 말이니까, 결국 못 알아들었다는 의미가 되는 거야. 남이 얘기할 때는 경청합시다! ^^

Useful Expressions

Excuse me, Mr. Yang. **Are you listening to me?**
실례지만, 양 선생님, 제 말 듣고 계십니까?

A : **Are you with me?** 듣고 있니?
B : I'm sorry. My mind is elsewhere. 미안, 정신이 딴 데 팔렸네.

A : **Are you with me?** 내 말 알아들었어?
B : **You've lost me!** Say that again. 못 알아들었어! 다시 말해 봐.

A : **Are you with me?** 내 말 듣는 거야?
B : I'm sorry, can you repeat that? My mind was wandering.
미안, 그 말 다시 한 번 해주겠니? 내가 딴 생각을 하고 있었어.

Be careful!
조심해!

어릴 적부터 귀에 못이 박히게 들었던 말이, **Be careful!** 조심하라는 얘기야. 차조심부터 시작해서 불조심, 물조심, 음식조심 그리고 심지어는 개조심까지… ㅋㅋ

하지만 가장 조심해야 하고, 조심을 해도 실수하는 것이 바로 입조심이야. 사람마다 기질이나 성격이 다 다르거든. 예민한 사람을 특히 조심해야 해. 또 빈말이라도 부정적인 말은 안 하는 게 좋아. 말이 씨가 된다는 말도 있잖아? 우리 속담에 '낮 말은 새가 듣고 밤 말은 쥐가 듣는다' 는데 영어에도 비슷한 말이 있어. **Walls have ears!** 벽에도 귀가 있다는 말이야. 아무튼, 말조심은 아무리 강조해도 지나치지 않아. ^^

- Mind your head! 머리 조심! (낮은 천장)
- You can't be too careful. 아무리 조심해도 지나치지 않아.

Useful Expressions

Be careful what you say. 말 조심해.

Be careful what you ask for. 말이 씨가 돼.

Be careful on those stairs/steps! 계단 조심해!

Be careful of his feelings, he's got a short fuse.
그 사람 감정을 잘 헤아려, 화를 잘 내니까.

A : I'm climbing Mt. Gwanak next week. 다음 주 관악산에 오를 거야.
B : **Be careful.** 조심해.

006

Be quiet!
조용히 해!

지금은 이미 단종됐지만 '레간자' 라는 차가 있었어. 지금은 중고차를 찾기도 어려운 모델인데 당시 이 차 CF가 아주 인상적이었어. 기억날 거야. '쉿! 레간자' 조용한 차라는 얘기 아니겠어? 진짜로 얼마나 조용했는지는 타보지 않아서 잘 모르겠지만 말이야. ^^

자기 목소리가 얼마나 큰지 잘 모르시는 분들이 많아. 처음 보는 사람인데도 전화 내용을 들어보면 어디 사는지, 지금 어디로 가는지, 요즘 고민이 뭔지, 누구를 재수 없게 생각하는지 다 알 정도라니까. **Be quiet!** 우리 지하철 같은 공공장소에서는 좀 조용히 하자고. 자, 그럼 우린 조용히 표현이나 좀 챙겨볼까? ㅋㅋ

- Ssh! 쉿!
- Hush! 쉬!
- Shut up! 입 닥쳐!
- Keep quiet! 조용히 있어, 잠자코 있어.
- Knock it off! 조용히 해!
- Can't you be quiet! 조용히 못 하겠니!
- Keep your voice down! 목소리 좀 낮춰!

Useful Expressions

Knock it off, kids! 조용히 해라, 얘들아!

Please, **keep quiet.** 조용히 좀 하세요.

Shut up, both of you! 입 닥쳐, 너희 둘 다!

Hush, you'll wake the baby! 쉬, 아기 깨겠어!

A : **Can't you be quiet!** I'm working now. 조용히 못 하겠니 지금 일하는 중이잖아.
B : Oh, I'm sorry. 아, 미안해.

007

Beat it!
꺼져

요즘 **TV 개그프로**에서 가장 많이 나오는 말 중의 하나가 바로 '꺼져!' 야. 아마도 이 정도까지가 경고 먹기 직전 수준이 아닐까 싶은데. 영어로는 **Beat it!** 이라고 하지. 혹 의미는 몰랐어도 이 표현은 정말 많이 들어봤을걸? 좀 지났지만 마이클 잭슨의 히트곡 중 하나였거든. 비슷한 표현으로는 **Get lost!** 라는 표현이 있고, 영화대사 중에 이런 표현도 본 거 같아. **Take a hike, bozo!** 산책하러 가라는 말이니까, 꺼지라는 얘기야. 'bozo' 는 멍청이라는 뜻의 슬랭이고. ^^

가족상봉 프로를 가만히 보다 보면 정말 어이없이 헤어진 사연도 많아. 그러니까 아무리 화가 나도 아이들한테 함부로 꺼지라는 말을 해서는 안 돼. 그게 마지막이 될 수도 있다니까. ㅋㅋ

Useful Expressions

OK. you kids, **beat it!** 그래 요놈들아, 꺼져라.

Beat it! We don't want you here. 꺼져! 우리는 너랑 같이 있기 싫거든.

Oh, **beat it!** I'm not in the mood for your jokes.
아, 사라져 줘! 네 농담 받아 줄 기분 아니거든.

A : Beat it! 꺼져!
B : Same to you! 너나 꺼져!

Beats me.
전혀 몰라

I don't know. 혹은 **I have no idea.** 같은 표현이야말로 영어회화에 자신이 없을수록 입에 착 붙어 있는 말이야. 문제는 알면서도 영어가 안 나와서 결국은 이렇게 밖에 말할 수 없는 상황이야. 답답하지. 우리가 영어를 도대체 몇 년을 했는데... ㅜㅜ

모른다는 표현도 기왕이면 이렇게 써보면 어떨까? **Beats me.** 그냥 간단히 모른다고 말할 때나 아니면 놀랄만한 일이 생겼는데, 왜(Why) 혹은 어떻게(How) 된 건지 도저히 이해가 되지 않을 때 쓰는 표현이야. 참고로 문장 앞에는 'It'이 생략된 거고, 동사 beat 는 원래 '…을 이기다, 능가하다' 라는 의미야. 모른다는 표현도 꽤 많네. 모르면 챙겨 둬. ^^

- I don't know. 몰라.
- I have no idea. 전혀 몰라.
- I don't have a clue. 난 전혀 몰라.
- I haven't the slightest idea. 조금도 몰라.

Useful Expressions

It beats me why you did it. 왜 네가 그것을 했는지 진짜 모르겠어.

You can't **beat me** at KartRider. 카트라이더는 네가 나를 못 이겨.

What beats me is how he got the job. 어떻게 그가 직장을 잡았는지 모르겠어.

A : Where's Mike? 마이크 어디 있어?
B : **Beats me.** 몰라.

A : Who's the tallest girl in the class after Kate?
케이트 다음으로 반에서 키가 큰 여자애가 누구지?
B : **Beats me.** I don't remember. 모르겠어, 기억 안 나.

Behave yourself.
얌전히 있어

공공장소에서 버릇없이 구는 아이들을 볼 때면 부모부터 누군가 보게 돼. 대부분 좀 참고 넘어가지만 가끔 언짢은 말이 오가는 경우도 있어. 굳이 따지자면 아이들을 제대로 교육하지 못한 부모의 책임이라고는 하지만, 사실 부모도 어찌하지 못하는 게 어린 아이들이야.

예의 없이 말썽을 부리는 아이들에게 쓸 수 있는 표현 중의 하나가 바로 **Behave yourself.** 얌전히 있으라는 의미지. 요즘은 '미운 5살' 이라고 하던데. 달라질 아이들을 위해 비슷한 표현도 몇 개 챙겨 볼까? ^^

- Be good. 잘해라.
- Don't be bad. 미운 짓 하면 안 돼.
- You're misbehaving. 너 지금 잘못하고 있는 거야.
- You have to behave. 얌전히 있어야 해.
- You're making a scene. 너 때문에 소란이야.
- You're acting improperly. 너 지금 적절치 못한 행동을 하는 거야.
- Be on your best behavior. 얌전하게 있어.
- I want you to be on your best behavior. 얌전히 있어야 한다.

Useful Expressions

Will you boys please **behave!** 너희들 얌전히 좀 있을래!

Be quite. **You're making a scene.** 조용히 해. 너 때문에 소란이야.

Behave yourself! I'm ashamed of you. 얌전히 좀 굴어. 창피해.

Behave yourself! You're distracting me. 얌전히 있어! 너 때문에 집중이 안 돼.

A : **Behave yourself!** 말썽 피우면 안 되지?
B : Yes, mom. I won't be bad. 네, 엄마. 안 그럴게요.

Big deal.
어쩌라고

'빅딜'이라면 말 그대로 중대한 일을 말하는 거야. 요즘처럼 취업이 어려운 시절이라면 인터뷰나 오디션이야말로 빅딜 중에 빅딜이지. 결과가 다 좋을 수는 없어. 그럴 때는 친구로서 제대로 위로라도 해줘야 해. 회사가 거기 밖에 없냐? 사람을 못 알아보네. 별거 아니니 잊어버려라. 등등… ^^

하지만 '아' 다르고 '어' 다르다고. 친구의 최종합격 소식을 듣고서도 **Big deal.** 이라고 말한다면 '거 잘 됐네. 뭐 어쩌라고? 어이구 대단하셔? 웬 호들갑이야?' 뭐 이런 쫀쫀한 표현이 되는 거야. **So what's the big deal?**의 준말이지. 비슷한 표현도 많아.

- So what? 그게 뭐?
- Who cares? 내 알 바 아니지.
- It's no big deal. 이거 별거 아냐.
- That's not a big deal. 그게 뭐 대수야.
- Don't make such a big deal out of it! 별것도 아닌 걸로 문제 만들지 마!

Useful Expressions

Yes, I'm lazy. **So what?** 그래, 나 게으르다. 그게 뭐?

Hey, **that's not a big deal.** Perk up! 이봐, 그게 뭐 대수라고. 기운 내!

A : Your socks don't match. 네 양말 짝이 안 맞다.
B : **Big deal.** 그게 뭐.

A : I ran five kilometers this morning. 오늘 아침 5킬로 뛰었어.
B : Yeah, **Big deal!** I ran ten. 어이구, 큰일 하셨네. 난 10킬로 뛰었어.

Bingo!
정답이야!

빙고게임을 알 거야. 숫자 적어 놓고 지워나가는 게임 말이야. 아마도 복권의 원조가 아닐까 싶은데. ㅋㅋ 내가 원하는 대답이나 질문을 들었을 때, **Bingo!** 라고 말하면 '딩동댕! 정답이야!' 라는 의미야. 약간 놀라거나 흥분된 느낌으로 기분이 좋을 때 써봐. 또 뭔가 문제해결이 됐을 때나, 물건을 찾았을 때도 쓸 수 있는 표현이야. ^^

못을 박을 때 못 머리를 정확히 쳐야 못이 휘어지지 않고 잘 박히듯이, **You hit the nail on the head!** 이렇게 말해도 '정답이야! 바로 그거야!' 라는 의미가 돼. 끝으로 아르키메데스(Archimedes)가 왕관의 순금도를 알아내는 방법을 발견했을 때 외쳤다는 **Eureka!** 라는 표현도 있는데 이건 이제 좀 구식 표현이라, 우리의 '심봤다!' 정도?? ㅋㅋ

Useful Expressions

Bingo! I've got the answer! 정답! 제가 답을 알아요!

Bingo! I found what you were looking for. 바로 이거야! 네가 찾던 거 내가 찾았다.

Eureka! A job at last! 됐어! 마침내 취직을!

A : How old do you think I am? 제가 몇 살로 보여요?
B : 39? 서른아홉??
A : **Bingo!** 바로 맞혔어요!

012

By all means.
그러세요

학창시절 바르게(?) 영어공부를 배운 탓에 Can이나 May로 물어보면 Yes나 No에다가 물어본 조동사까지 잘 받아서 대답하려고만 애쓰게 돼. 조동사, 주어, 동사 생각하기 전에 '그러세요' 라고 시원시원하게 대답부터 해주면 좋으련만. ㅋㅋ

Sure. Of course! Go ahead. 와 비슷한 의미의 **By all means.** 라는 표현이 있어. '허락' 의 의미를 담은 예의 바른 표현이지. 격식을 차린 말이라서가 아니라 같은 말이라도 상대방이 좋아할 말이라는 거야. '아, 그럼요' '얼마든지 그러세요' 뭐 이런 느낌 있잖아. 참고로 '반드시(absolutely), 무슨 수를 써서라도'의 의미로도 쓰여. ^^

Useful Expressions

Come **by all means.** 무슨 일이 있어도 꼭 와.

A : Can I see it? 내가 봐도 되나?
B : Oh, **by all means.** 아, 당근이지.

A : May I borrow this DVD? 이 DVD 빌릴 수 있나요?
B : **By all means.** 그럼요.

A : Can you come to lunch today? 오늘 점심 먹으러 올래?
B : **By all means.** I'd love to. 당근, 좋아.

A : Can I come and have a look at your office? 사무실 좀 보러 가도 될까요?
B : Yes, **by all means.** 예, 얼마든지요.

013

Calm down.
진정해

영화에서 가끔 볼 수 있는 장면 중 하나가 국경 수비대를 통과할 때 검문을 받는 장면이야. 손전등의 섬뜩한 불빛을 얼굴에 들이대더라도 침착하게 '씨익' 웃어주는 센스가 필요하지. 하지만, 늘 이렇게 참을 순 없어. 꼭 뭐 타고난 나의 B형 기질 때문만은 아니야. 어디 열 받게 하는 사람이 한둘이어야 말이지. ㅋㅋ

신이라도 내렸나, 작두 타듯 흥분했다가도 지나 보면 그리 뭐 열 낼 일도 아니거든. 후회막급이지만, 주위에서 말리지 않은 책임도 있어. 이때 진정하라고 쓰는 말이 바로 **Calm down**이야. 차분하게 이런 표현도 함께 알아 두면 좋겠네. ^^

- Relax. 긴장 풀어.
- Chill out! 침착해.
- Take it easy! 맘 편히 먹어.
- Hold your horses! 침착해 잠깐!
- Keep your shirt on! 흥분하지 마!

Useful Expressions

Please **calm down** and listen to me. 제발 진정하시고 제 얘기를 들어보세요.

Calm down and tell us what happened. 진정하고 무슨 일인지 말해봐.

Calm down, it's nothing to get excited about. 진정해, 그렇게 흥분할 일도 아냐.

A : I'm so nervous. 너무 긴장돼.
B : **Calm down**, just act free and easy. 진정하고 그냥 편하게 행동해.

A : Oh my god, we're lost! 이런, 길을 잃었어!
B : **Calm down**, there's nothing to worry about. 좀 침착해, 걱정할 거 없어.

014

Catch you later!
나중에 봐!

이따 봐요~ 요즘 개그 프로에서 자주 나오는 유행어야. 전화 끊자마자 수화기 다시 들고 '이따 봐요~' 하는 건데. ㅋㅋ 이거 원래 개그우먼 김미화가 원조일 거야. ^^

Catch you later! 나중에 보자는 그냥 작별인사야. 우리가 잘 아는 **See you later!** 와 같은 표현이라고 보면 되겠지. 이따가 볼 수 있는 사람이 있다는 건 참 행복한 거야. 아침에 보고, 저녁에 보고, 내일도 또 보고. 그거에 비하면 기러기 아빠와 그 가족들처럼 힘든 상황도 없어. 아마 다른 나라 사람들은 상상도 못할 거야. 자녀 조기교육을 위해 가족이 떨어져 살아야 하는 기막힌 현실을… 너무 안타까워. ㅠㅠ

- Later! 또 봐!
- Catch me later! 나중에 얘기해.
- See you (later/again)! (조만간) 또 봐.
- I hope to see you again. 또 봤으면 좋겠어.

Useful Expressions

Good-bye, and come again. 잘 가, 또 와.

I'd like to see you again soon. 또 뵙겠습니다.

See you later on this afternoon. 이따가 오후에 봐.

A : **Catch you later!** 또 봐.
B : Take care. 잘 지내.

015

Come again?
뭐라고요?

얘기 도중에 말을 놓치는 경우가 있어. 그때는 정중하게 **I beg your pardon?** 하고 물을 수도 있고, 줄여서 그냥 **Pardon me?** 아니면 그냥 **Pardon?** 이라고 하면 돼. 또 **Excuse me?** 나 **I'm sorry?** 아니면 **Come again?** 이나 **What was that?** 도 다 같은 의미야. 중요한 건 뒤를 모두 올려서 말해야 한다는 거야. 미안하다든가, 다시 오라든가 하는 전혀 다른 의미가 될 수 있거든. ^^

때로는 꼭 듣지 못해서가 아니라 원치 않았던 말이라 일부러 못 들은 척하거나, 별로 기분 좋지 않은 얘기라 '뭐라고? 다시 말해 봐' 정도의 느낌으로 쓰이기도 해. 또 병원에 가면 의사나 간호사 앞에서 옷을 벗는 건 너무나 자연스러운 일인데, 갑자기 바지를 내리라 하면 순간 움찔할 때가 있어. 말을 놓친 건 아니지만 이때도 반사적으로 오늘 배운 표현들을 쓸 수 있겠네. 같은 말도 이렇게 그때그때 달라요. ㅋㅋ

Useful Expressions

I beg your pardon? What did you say? 뭐라고요? 뭐라고 했죠?

A : Can you feed the dog, please? 멍멍이 먹을 것 좀 챙기시겠어요?
B : **Come again?** 뭐? (나보고 하라고?)

A : Would you get undressed, please? 옷을 벗어주시겠습니까?
B : **Pardon?** 네?

A : Will you let me open it? 제가 좀 열어봐도 되겠어요?
B : **Come again?** 네?
A : Can I open it? 열어도 되냐고요?

016

Come on!
어서, 제발, 이거 왜 이래

'컴온, 베이베~' 란 말 들어봤지? 예전부터 팝이나 힙합에 많이 나오는 표현이라 소싯적에 열심히 따라 부르던 기억이 나. 요즘은 '컴온 베이비' 라는 레이싱 게임도 있더군.

Come on! '자, 어서!' 급하게 재촉할 때 쓸 수 있는 표현이야. 때로는 뭔가 용기를 북돋아 주는 느낌으로 말하기도 하지. 만만하게 보고 번지점프 한다고 올라간 적이 있는데 다리부터 후들거려서 뛸 수가 있어야지. 옆의 조교가 계속 이 말을 하더군. 내가 평생 들을 **Come on!** 을 아마 그때 다 들어 본 거 같아. ㅋㅋ

또 상대방에게 어이없는 말을 들었을 때 '이거 왜 이래, 그러지 마 좀' 정도의 의미로도 많이 쓰이는 표현이야. ^^

Useful Expressions

Come on, tell me! 자, 어서 말해 봐!

Come on, it was such a long time ago. 왜 이래, 그거 오래전 일이야.

Come on, Paul. Give it a try. It's not that hard. 어서, 폴. 한 번 해봐. 그렇게 어렵지 않아.

Come on! Don't give me all that stuff and nonsense!
제발! 그런 말도 안되는 소리 좀 하지 마!

Come on children! Rise and shine! Let's go for a walk.
자, 애들아, 어서 일어나서 아침산책 나가자.

A : You are to report to the police. 경찰에 신고해야 해.
B : Aw, **come on**! 에이, 왜 이래! (이게 신고할 일이야!)

017

Come to think of it
그러고 보니

그냥 편하게, 생각나는 대로 이 얘기 저 얘기 하다 보면 시간도 잘 가고 은근히 스트레스도 풀리는 거 같아. 수다 말이야. ㅋㅋ 다들 정신 없이 사느라 그런지, 아니면 판단력이 떨어져서 그런지. 이렇게 수다를 떨다가 문득 중요한 일이 생각나기도 하고, 오래전 그때 그 사람이 왜 나한테 그런 말을 했는지 느닷없이 이해가 되기도 해. **Come to think of it,** '그러고 보니, 다시 생각해 보면' 이라는 뜻이야.

그러고 보니, 이런 표현도 함께 알아 두면 좋겠네. ㅋㅋ

- I just remembered! 지금 막 생각났다!
- When you think about it, 생각해 보니

Useful Expressions

When you think about it, she's probably right. 생각해 보면, 그녀가 옳았던 것 같아.

When you think about it, his behavior was a little unusual.
생각해 보면 그의 행동이 조금 이상했어.

I just remembered! I have to wait for an important call from New York.
지금 막 생각났어! 뉴욕에서 올 중요한 전화를 기다려야 해.

A : I did see Steve yesterday. 어제 내가 스티브를 봤어.
B : **Come to think of it**, he did mention seeing you.
그러고 보니, 널 봤다는 말을 했었어.

Cool!
죽이는데!

'**쿨가이**' 5인의 스타일 노하우 전격공개!!' ··· 얼마 전 우연히 본 남성잡지의 기사제목이야. 매력적이고(attractive), 옷 잘 입는(fashionable) Mr. Cool이 여기 있으니 보고 한 수 배우라는 거 아니겠어? ㅋㅋ 한 장 한 장 넘기면서 감탄사가 절로 나온다면 영어로 이렇게 말해 봐. **Cool!** '죽이는데!' 그냥 **Very Good!** 이나 **Great!** 보다 더 리얼한 표현이 되는 거야. ^^

안부인사나 컨디션을 물어보는 대답으로 **Cool!** 이라고 말해도 좋아. 기분 최고라는 의미니까 아마 듣는 상대방도 기뻐할 거야. 끝으로 상황에 따라 그저 '별 상관 없다, 괜찮다, 그렇게 해라' 라는 의미로도 쓰이니까 참고해. ^^

Useful Expressions

Mike's a really **cool guy**. 마이크는 진짜 쿨가이야.

Are those your new jeans? **Very cool!** 새 청바지니? 너무 멋져!

He thinks it's **cool** to do heroin. 그는 마약 하는 것이 대단한 것으로 생각해.

A : How have you been? 요즘 어때?
B : **Cool!** 최고야!

A : Do you mind if I put some music on? 음악 좀 틀어도 되겠니?
B : No, **that's cool**. 그래, 괜찮아.

019

Count me in.
나도 끼워 줘

언젠가 홍대 앞 라틴 바에 우연히 가본 적이 있어. 아니 뭐야, 여기가 한국이야, 남미야? 외국인들도 입장하면서 다들 Oh, my God!을 연발 하더군. 우리나라에 라틴댄스 마니아들이 이렇게 많은 줄은 예전에 미처 몰랐다니까. ㅋㅋ

이걸 친구한테 얘기했더니, **Count me in!** 다음에는 자기도 꼭 끼워 달라는 거야. 배운 적이 없으면, 꼼짝없이 뒤에 서서 음료수나 마시고 있어야 하는 줄 모르고 하는 소리지. 또 파티라고 다 같은 파티가 아니야. 갈 곳이 있고 안 갈 곳이 있다는 말이지. 혹이나 이상한 곳이면 처음부터, **Count me out.** 빼 달라고 해. ^^

Useful Expressions

If you're having party, **count me in**.   너희들 파티 있으면 나도 좀 끼워 주라.

If there are going to be drugs at the party, you can **count me out**.
그 파티에 약물이 있을 거라면 나는 안 가.

A : Who wants to come dancing tonight?   누구 오늘 춤추러 갈 사람?
B : **Count me in**.   나!

A : We're playing golf on Saturday, would you like to come?
   우리 주말에 골프 치기로 했는데, 같이 안 갈래?
B : Sure, **count me in**.   물론이야, 끼워 줘.

Don't get me wrong.
오해는 하지 마

이미 종영된 개그콘서트 코너 중에 '현대생활백수'라는 인기 코너가 있었어. 유독 유행어가 많은 코너였는데 그 중에서 기억나는 표현이 바로 '오해하지 말고 들어!'야. 영어로는 **Don't misunderstand what I'm trying to say.** 정도의 의미지. 사실 속마음을 말로써 표현하는 게 얼마나 어려워. 겁나서 뭔 말을 못해.

그래서 미리 말해 두는 것이, **Don't get me wrong.** 오해는 하지 말라는 말이야. 우리말도 어려운 데 영어야 오죽하겠어. 몇 마디 잘 나가나 싶다가도 미묘한 뉘앙스 때문에 대화를 망치는 경우가 많잖아. 괜한 오해사지 말고 비슷한 표현도 함께 챙겨보자고. ^^

- No hard feelings. 나쁜 감정은 없어요.
- You misunderstand me. 절 오해하고 있어요.
- Don't misunderstand me. 절 오해하지 마세요.
- Don't take this the wrong way. 오해는 하지 마.
- You've got the wrong end of the stick. 네가 오해하고 있는 거야.
- There must be some misunderstanding. 무슨 착오가 있었던 모양이네요.

Useful Expressions

Don't get me wrong, that's not my cup of tea.
오해는 마세요, 그것은 제 취향이 아닙니다.

Why do you always **take things the wrong way**? 왜 넌 항상 삐딱하게 받아들이니?

A : You mean I'm too fussy? 내가 너무 까다롭다는 말이야?
B : **Don't get me wrong.** 오해는 하지 마.

A : Please **don't get me wrong,** it's nothing personal.
오해하지 말아줘, 사적인 감정이 있는 건 아냐.
B : That's okay. **No hard feelings.** 괜찮아, 나도 뒤끝은 없어.

021

Don't give me that!
핑계가 좋네!

정말 어렵게 잡은 동기 모임에 못 오겠다는 녀석들은 뭐야!? 핑계도 다 똑같아. 갑자기 집안 어른이 편찮으시다거나, 애들이 아프다는 거야. 99%는 핑계인 거 다 알아. **Don't give me that!** 정말 핑계가 좋다. 그 핑계가 사실이라면 동기 모임 당장 취소하고 다 같이 병문안을 가야 할 판이야. 신촌으로, 일원동으로… 뭐, 때로는 선의의 거짓말도 해야겠지만. 그녀에게만은 잘해야 해. 딱 걸리는 수가 있어. ㅋㅋ

함께 알아둘 만한 표현 중에 **I'll give you that!** 도 있어. 내가 너를 인정한다는 의미인데, 상대방이 가진 특별한 재주나 능력 같은 걸 칭찬해 주고 싶을 때 쓰면 돼. ^^

Useful Expressions

You're a gifted enough kid, **I'll give you that!** 너 재능을 타고났구나, 내가 인정한다!

Come on! **Don't give me all that stuff and nonsense!**
이봐! 그런 말 같지도 않은 소리 좀 작작해!

A : I'm too tired. 너무 피곤해.
B : Oh, **don't give me that.** I know you don't want to go to the party.
이런, 핑계가 좋네. 너 파티 가기 싫은 거 다 알아.

022

Don't mind me.
신경 쓰지 마

개그콘서트 인기코너였던 '불청객들'의 한 장면이야. 스크린에서나 보던 주연급(?) 배우들이 하나 둘씩 등장하고, 앗, 저쪽에 그 유명하신 박찬욱 감독님도 계시네! 그런데 저기 저 사람들은 뭐지?? 어~, 동네 사람? ㅋㅋ

Don't mind me! '방해하지 않을 테니 신경 쓰지 말고 볼일 보라'는 표현인데, 뭐 말은 구경만 한다고 하면서 온갖 참견에 촬영이 안 되잖아. 돌아버리지. ㅋㅋ 참고로 허락을 구하는 말에 '나는 괜찮다'라는 의미로도 쓸 수 있는 표현이야. ^^

Useful Expressions

Don't mind me! I'm just watching. 신경 쓰지 마! 그냥 보기만 할게.

Don't mind me! I won't disturb you. 나 신경 쓰지 마, 방해하지 않을게.

Don't mind me. I'm just talking to myself. 신경 쓰지 마, 그냥 혼잣말이니까.

A : Is it okay to park here? 여기에 주차해도 될까요?
B : **Don't mind me.** 괜찮아요.

A : Is there enough room for me in the car? 나까지 차에 타도 돼?
B : **Don't mind me.** 괜찮아.

023

Don't rush me!
보채지 좀 마!

러시아워(rush hour)란 말이 있어. 차들이 급하게 몰리는 출퇴근 시간을 말하는 거지. **Don't rush me!** 여기서 rush는 '…을 재촉하다' 라는 의미니까 '재촉하지 마, 보채지 좀 마' 정도의 표현이 되는 거야.
급히 재촉하는 게 그리 점잖지 못하고 때로는 불쾌할 수도 있지만, 아주 집요하게 재촉해야 할 경우도 많아. 김흥국 씨 말대로 '들이대야' 할 때가 있다는 거지. 우는 아이 젖 준다는 말처럼 가만 있으면 누가 챙겨 주남. 자꾸 얘기하고, 찾아가고 해야지. 함께 익혀 볼 표현들이야. 정말 중요해. 꼭 외워... 나야말로 너무 들이 대나?? ㅋㅋ

- No rush. 서두르지 마.
- Stop rushing me. 그만 좀 보채지.
- What's the rush? 왜 이리 서둘러?
- There's no (need to) rush. 급할 거 없어.
- There's no need to be in such a tearing hurry. 그렇게 정신 없이 서두를 필요 없어.

Useful Expressions

Oh, **no rush**, really. 아, 급할 거 없어요, 정말로요.

Don't rush me - let me think. 보채지 좀 마, 생각 좀 하자.

Don't worry, **there's no rush**. 걱정 마, 급할 거 없어.

What's the rush? We have plenty of time. 왜 이리 서둘러? 시간 많은데.

A : I'll be with you in a minute. 금방 갈게.
B : **Don't rush!** Take your time. 천천히 와, 서둘 필요 없어.

024

Don't sweat it.
너무 걱정 마

오래전 베스트셀러지만, 〈우리는 사소한 것에 목숨을 건다〉(*Don't Sweat the Small Stuff... and It's All Small Stuff*)라는 책이 있었어. 오죽하면 이런 책이 나왔을까 싶어. 그저 웬만한 건 좀 넘어가고, 지난 일은 좀 대충 덮고 가야 하는데, 어디 그게 되나. 물건 하나 사는 일에 며칠 밤낮을 최저가 사이트를 뒤져가며 혼신(?)의 힘을 다하는 사람들을 종종 봐. 일은 안 하냐고... ㅋㅋ

책 이름을 보니 이런 표현이 생각나는군. **Don't sweat it.** 전전긍긍하느라 괜히 땀 빼지 말라는 거 아니겠어?
우리 오늘부터는 사소한 것에 목숨 걸지 말고, 잘 모르겠으면 그냥 동전을 던지는 거야. 어때? ^^

Useful Expressions

No problem. **Don't sweat it!** 아무 문제 없어, 걱정하지 마!

Don't sweat it. I'll take care of them. 신경 쓰지 마, 그들은 내가 챙길 테니.

Don't sweat it. I'll lend you the money. 걱정 마, 돈은 내가 빌려 줄게.

A : **Don't sweat it.** Everything will be all right. 걱정 마, 모든 게 다 잘될 거야.
B : Okay, thanks. 응, 고마워.

025

Don't worry!
걱정 마

요즘 경력이 좀 있는 직장인들이 고민하는 것 중의 하나가 바로 프리젠테이션 (presentation)이야. 줄여서 PT라고도 하는데. 파워포인트(PowerPoint) 같은 업무 프로그램도 잘 쓸 줄 알아야 하지만, 청중 앞에서 준비된 내용을 전달한다는 것도 여간 부담되는 게 아냐. 더욱이 영어로 PT를 해야 한다면 더욱더 부담이 클 거야.

긴장하고 있는 동료에게, **Don't worry.** 걱정하지 말라고, 늘 잘하지 않았느냐고 격려 좀 해주면 어떨까? 혹 만족스럽지 못한 결과 때문에 괴로워할 때도 다 지난 일이니, **Don't worry about it anymore.** 다시는 끙끙 앓지 말라고 위로해 줘. ^^

비슷한 표현들이야. 영어공부에 대한 염려는 일단 붙들어 매고 챙겨 두면 좋겠네. ㅋㅋ

- Never fear. 겁먹지 마.
- It's nothing. 별거 아냐.
- No problem. 문제 없어.
- Never mind. 신경쓰지 마.
- Not to worry. 걱정할 것 없어.
- Don't sweat it. 걱정 마.
- Please don't distress yourself. 걱정하지 마세요.

Useful Expressions

Oh, **don't worry about it.** I'm sure it's nothing. 에이, 걱정하지 마, 별일 아닐 거야.

Don't worry. I think we'll have plenty of time. 걱정 마, 아직도 시간은 충분하니까

A : Are you OK? 괜찮니?
B : **Don't worry,** I'm fine. 걱정 마, 난 괜찮아.

Dream on!
꿈 깨!

찜질방 얘기가 아니야. 남녀노소 할 것 없이 늘 사람들로 북적대는 곳이 있어. 바로 복권방이야. 불가능에 가까운 확률에도 모두 컴퓨터용 수성펜 하나씩 들고 통계시험(?) 치르기에 바빠. 그러면서 상상의 나래를 펼치는 거야. 당첨이 되면 이걸 집에 얘기해? 아니면 죽을 때까지 비밀로 해버려? ㅋㅋ

이렇게 일어날 수도 없는 걸 기대하는 상황에서 '꿈 깨!' 라는 의미로 쓰이는 표현이 바로 **Dream on!** 이야. 이제는 좀 정신 바짝 차리고 영어공부나 하자고. ^^

- Get real! 정신 차려!
- Come to your senses! 정신 좀 차려!
- You're being quite stupid. 너 꽤 어리석구나.
- Wake up and smell the coffee! 냉수 먹고 속 차려!

Useful Expressions

Dream on! Wake up to reality! 꿈 깨! 정신 차려!

You want the promotion? **Dream on!** 승진을 원한다고? 꿈 깨!

You really believe we'll win? **Dream on!**
너 정말 우리가 이길 것이라고 믿는 거야? 꿈 깨셔!

Oh, **get real!** You're not tall enough to be a basketball player.
야, 정신 좀 차려! 너 농구 선수 될 만큼 키가 크지 않거든.

A : I've a feeling I'll win something on the lottery this week.
　　이번 주에 복권이 터질 것 같은 느낌이 와.
B : **Dream on!** 꿈 깨셔!

027

Drop by anytime.
언제든 들려

'근처에 볼 일 있어 왔다가 전화 드립니다. 잠시 인사만 드리고 가겠습니다' … 어디서 많이 듣던 말 아냐? 주로 영업사원들이 많이 쓰는 멘트인데, 누구를 탓하겠어!? 지난 번에, I'm busy just now. **Drop by sometime.** 지금은 바쁘니까 담에 들리라고 했잖아. 그래서 온 거야. ㅋㅋ

이렇게 잠깐 들르는 걸 영어로는 **drop by** 라고 해.

사장님들이 알바 그만 둘 때 꼭 하시는 말씀이 있어. **Drop by anytime!** 근처에 오게 되면 언제든 들리라는 눈물 나는 말씀이지. 평소에 그렇게 가족 같이 잘 대해 주시더니 역시! 이때 허깅까지 해주시는 분도 있어. 하지만 순진하게 진짜 찾아가는 일은 없도록 해. 못 알아 보셔. ㅋㅋ

Useful Expressions

Drop by anytime for a coffee. 언제든 커피 한잔 하고 가.

Drop by anytime you're in this area. 근처에 올 일 있으면 꼭 들려.

Drop by anytime. My door is always open. 언제든 들려, 항상 괜찮다.

A : **Drop by anytime** you want to. 언제든 내키면 들려.
B : Okay. I'll do that. 좋아, 그럴게.

02

웃기는 英선생
영어회화 핵심 기본 표현

028 **Easy does it.**
조심해

⋮

047 **How's it going?**
요즘 어떻게 지내?

028

Easy does it.
조심해

모 방송사 연예오락 프로그램 중에 인기스타의 집을 방문해 소장품을 감정 받는 코너가 있어. 하늘 같이 모시던 도자기 유품이 나오는 날이면 출연자들도 흰 면장갑까지 끼고 나름대로(?) 감정을 해본다고 폼은 잡는데… 어째 좀 자세가 불안하네. 이렇게 뭔가를 옮기거나 움직일 때, 조심하라는 의미로 **Easy does it!** 이라고 해. 덩치가 클수록 또 어디 잡을 때가 애매한 물건일수록 조심해서 살살 다뤄야 하거든. 하지만 사고는 너무 긴장할 때 발생한다는 거~ ㅋㅋ

조심하라는 뜻 말고도, 침착 하라는 **Calm down. Relax.** 의 의미도 있어. 그러고 보니, 저 뒷장에 나올 **Take it easy!** 와도 비슷한 표현이네. ^^

Useful Expressions

Take your time. **Easy does it.** 천천히 해, 조심해서.

Don't get angry. **Easy does it.** 화내지 마, 진정해.

Easy does it going down the stairs, Mom. 계단 내려 갈때 조심하세요, 엄마.

A : Can I put it down now? 이제 내려 놓을까요?
B : Yes, but it's very fragile. **Easy does it!** 네, 하지만 깨지기 쉬운 겁니다, 조심해서 살살!

A : **Easy does it!** Go Slow, and you won't dent anything.
   조심해서! 천천히, 상처내면 안 돼요.
B : Okay. We'll be careful. 알겠습니다, 조심할게요.

029

Enough said.
그만 됐어

논쟁을 좋아하는 사람은 아무도 없을 거야. 피곤하거든. 그런데 본의 아니게 시시비비를 가려야 할 때가 있잖아. 내가 잘못을 한 게 아닌데, 분명 사과는 내가 받아야 하는데, 상대가 오리발을 내미는 경우 말이야.
하지만 대부분의 경우 그 과정이 그리 순탄치가 못해. 끝도 없는 입씨름에 지칠 대로 지친 그대. 이젠 입안의 침까지 다 말랐어. ㅠㅠ

차라리 이렇게 말해주고, 끝내. **Enough said!** 됐으니, 다 알아 들었으니 그만 하라는 의미야. 나보고 됐다는 얘기는 하지 마. 난 이 표현들까지는 얘기를 해야 겠으니까. ㅋㅋ

- That does it. 그만 됐어.
- Say no more. 그만 말해.
- That's enough. 그만 됐어.
- Drop the subject. 그 얘기는 그만해.
- Enough is enough! 이제 그만, 그쯤 해둬.
- Don't talk about it! 그 얘기는 하지 마!
- Don't even go there! 그 얘기까지는 하지 마!
- Let's not talk about it! 그 얘기는 우리 하지 말자.

Useful Expressions

Enough said. Say no more! 그만 됐다, 그 입 다물어!

That's enough, you two. Stop yelling! 그만 됐어, 너희 둘, 조용히 안 할래!

That does it! I've had enough of your sarcasm.
그만! 나도 당신 빈정거림에 넌덜머리가 나.

A : You have to explain the situation to us. 그 상황을 우리한테 설명해 주셔야죠.
B : **Enough said.** 알았다니까요. (I understand)

030

First come, first served!
선착순!

줄을 서시오! 드라마 〈대장금〉의 명대사(?) 중 하나야. 따지고 보면, 줄서기 아닌 게 없어. 좀 인기 있는 패밀리 레스토랑에 가면 예약명부에 이름부터 올리는 게 일이야. 놀이동산에 가도 부모들은 하루 종일 줄 서다 볼 일 다 보잖아.

그 정도는 아무 것도 아니지. 어디 목 좋은 데 선착순 청약 받는다고 소문이라도 나 봐. 난리도 그런 난리가 없어. 하지만 뭐니뭐니해도 '선착순'에 대한 안 좋은 추억이 있다면 군대에서 받은 선착순 얼차례가 아닐지. ㅋㅋ

First come, first served! 말 그대로 선착순으로 모시겠다는 말이야. 백화점 행사나 인터넷 이벤트에 툭하면 나오는 말. '준비된 수량은 조기에 품절될 수 있습니다.' ㅋㅋ 그거에 다들 목숨 걸더군. 하지만 영어공부는 먼저 했다고 잘하는 거 아냐. 공부에는 선착순이 없거든. ^^

Useful Expressions

It was first come, first served, but I didn't know that. 선착순이었는데, 그걸 몰랐다.

A : Free musical tickets will be distributed **on a first come, first served basis.**
공짜 뮤지컬 티켓이 선착순으로 배포될 거야.
B : I don't much like this queuing lark. 이렇게 줄 서서 시간 낭비하는 거 맘에 안 들어.

A : Excuse me, sir. Please line up and take your turn. **First come, first served.**
실례합니다, 손님. 차례를 기다려 주세요. 선착순으로 모시겠습니다.
B : How long should I wait? 얼마나 기다려야 하지요?

031

First things first
중요한 것부터 먼저

세상이 워낙 복잡 다양해지고 활동분야도 많아지고 있어. 여기 저기 다 따라다니다가는 죽도 밥도 안 돼. 자신에게 뭐가 중요한지 혹은 뭐가 더 급한지 우선순위를 잘 매겨 둬야 그나마 꼬이는 일이 없다니까.

이렇게 중요한 일부터 먼저 하라는 의미로 또는 당장 말하고 싶은 주제를 언급하고 싶을 때 쓸 수 있는 표현이 바로 **First things first.** 야. 숙제는 안 하고 놀기만 좋아하는 아이들에게, 저축도 못하고 있으면서 새 차에만 눈길 주는 철없는 남친에게, 그리고 명품이면 사족을 못 쓰는 그녀에게도 쓸 수 있는 표현이지. ^^

함께 알아두면 좋은 표현들이지만, 뭐 아주 급한 건 아냐. ㅋㅋ

- My family comes first. 가족이 최우선이다.
- It's a matter of life and death. 이것은 생사가 걸린 문제야.
- You must decide what your priorities are. 중요한 것이 무엇인지부터 정해.
- You've got your priorities all back to front.
  넌 뭐가 중요한지 몰라. (앞뒤가 바뀌었어)

Useful Expressions

Go out and play later. **First things first!** 나가서 노는 건 나중에 하고, 할 일부터 해야지!

It's more important to get a job than to buy a car. **First things first!**
차 사는 거 보다 취업하는 게 더 중요해. 우선순위를 둬야지!

A : Welcome back, Steve. How was your trip to London?
잘 돌아왔구나, 스티브, 런던 여행은 어땠어?

B : First things first, though. How about a drink? 그보다 먼저, 한 잔 어때?

032

Forget it!
별거 아냐! 그만해! 안 돼!

내 차를 살짝 긁고 미안해하는 동료에게 괜찮다고 말할 때…
얼마 안 되는 돈을 굳이 갚겠다는 친구에게 당치 않다고 말할 때…
귀찮게 뭘 조르는 아이들에게 안 된다고 말할 때…
빗길에 장거리 운전을 하겠다는 남친을 말리고 싶을 때…
방금 했던 말을 다시 말하고 싶지 않을 때…

'별 거 아냐! 그만해! 안 돼!' 라고 말할 수 있는 상황들이야. 다소 무뚝뚝한 느낌이지만, 이럴 때 모두 영어로는 **Forget it!** 이라고 말하면 돼. 다음은 잊지 말고 챙겨야 할 표현들이야. ^^

- Don't forget! 잊지 마! · Forget you/that! 당치 않아! 불가능해!
- … and don't you forget it! 그걸 명심해! 잊지마!

Useful Expressions

Don't forget your lunchbox! 도시락 챙겨!

Drive to the airport in this rain? **Forget it.** 이 빗길에 공항까지 운전한다고? 아서라.

I'm your teacher, **and don't you forget it!**
난 네 선생님이야, 그걸 명심해라! (똑바로 행동해라!)

I'm not buying you that PS3, so just **forget it.** 플레이스테이션3는 안 사줄 거니까, 그만해.

A : Did you say something? 뭐라고 했니?
B : No, **forget it.** 아냐, 별거 아냐.

A : How much do I owe you? 내가 얼마 줘야지?
B : Oh, **forget it!** 아, 됐네!

A : I'm sorry, I broke your iPod. 미안해, 내가 네 아이팟 망가뜨렸어.
B : **Forget it.** 괜찮아.

Frankly
솔직히 말해서

요즘은 자기 생각을 똑부러지게 표현을 잘 안 하는 것 같아. 그냥 씨익 웃고 말면 그 웃음의 의미를 어찌 알까 싶어. 물론 정직하면 손해 본다고 생각하는 사람도 많을 거야. 사실 필요 이상 솔직한 것도 좋은 건 아니지. 입사 자기소개서에 '넉넉한 형편은 아니었지만 별 탈 없이' 라고 쓰면 될 것을 '너무 가난해 죽지 살기로 이를 악물고' 라고 말할 필요까지는 없거든. 당락이 좌우될 수 있는 솔직함이야. ㅋㅋ

내 의견을 분명히 전달하고 싶을 때나 진실을 말하고 있다는 의미로, **Frankly**를 쓰면 좋아. 여기 아주 진솔한(?) 표현들이 좀 더 있네. 함께 알아 둬. ^^

- frankly speaking 솔직히 말하자면
- To be frank (with you) 솔직히 말하면
- To tell (you) the truth 사실대로 말하면

Useful Expressions

Frankly, I don't care. 솔직히 난 상관없어.

Frankly, it was boring. 솔직히 지루했어.

To tell you the truth, I was afraid to see her.
사실대로 말하면, 난 그녀를 보기가 겁났어.

Well, **to be frank,** I can't afford to get you anything.
음… 솔직히 당신에게 선물 사 줄 돈도 없거든요.

A : How do you feel about Kate? 케이트를 어떻게 생각해?
B : **To be frank with you,** I don't like her. 솔직히 말하면, 나는 그녀를 좋아하지 않아.

Get the picture?
감 잡았어? 이해가 돼?

나 홀로 집에만 있는 경우가 아니라면, 적응력이야말로 얼마나 중요한 능력인지 몰라. 입사를 하든, 군대생활을 하든 심지어 교회나 성당에서 종교생활을 하기 위해서라도 조직에 적응을 못하면 버티기 힘들어. 어렵게 얘기해서 적응력이지, 눈치가 빨라야 된다는 말이야. 누가 무슨 얘기를 해도 머리 위로 불이 반짝하면서, 전후 상황이 파노라마처럼 떠올라야 한다는 거지. ^^

Get the picture? '감 잡았어? 이해가 돼?' 라는 의미야. 그림이 그려지냐는 말 아니겠어? 참고로 '요령이나 방법을 배우다, 알다' 라는 의미의 **get the hang of something** 이라는 표현도 있어. 요즘은 다 PC도사가 돼서 사회생활을 하지만, 예전에는 쓰는 사람이 따로 있었잖아. 타자 치는 여직원, 펜 돌리는 부장님. 어때, 그림이 좀 그려져? ㅋㅋ

Useful Expressions

You get the picture, I'm sure. 상상이 되리라 믿어.

I'll try to **get the hang of things** quickly. 빨리 업무 파악하도록 하겠습니다.

A : That's the whole explanation. 설명은 그게 다야.
B : Oh, now **I got the picture!** 오, 이제야 감이 오네.

A : I don't want you around here any more.
  난 네가 더 이상 여기에 있는 걸 원치 않아. 무슨 말인지 알아?
B : **I got the picture.** 알았어.

035

Get to the point!
요점만 말해!

회의실에 모래시계가 있는 회사가 있어. 이유가 뭐겠어? 회의 한 번 했다 하면, 몇 시간씩 어제 한 얘기 오늘 또 하고… 결국은 별 결론도 없이 얼굴만 벌겋게 돼서 나오잖아. 이런 일들이 반복되니까 시간을 정해 놓고 좀 몰입해서 하라는 의미 아니겠어? 요점만 딱딱 말이야. ^^

아까운 시간에 괜히 빙빙 말만 돌리고 있다면, **Get to the point!** '요점이 뭐냐'는 말 듣기 딱 좋아.
알았어. 요점만 말할 게. 오늘 함께 챙길 표현들이야. ㅋㅋ

- Cut to the chase. 요점만 말해.
- What's the point? 요점이 뭐야?
- Come to the point! 핵심을 말해.
- What's your point? 네가 말하고 싶은 게 뭐야?
- Let's get down to business. 본론으로 들어가죠.
- Don't beat around the bush. 빙빙 돌리지 마.
- Stop beating around the bush. 쓸데 없는 소리 그만해.
- Let's come back to the point at issue. 쟁점으로 다시 돌아갑시다.

Useful Expressions

All right. **Let's get to the point.** 좋아요, 요점을 말해 봅시다.

Come on, quit wasting time! **Get to the point!** 이거 왜 이래, 시간낭비 말고 요점만 말해.

Don't beat around the bush and answer my question.
쓸데 없는 소리는 그만하고 내 질문에나 대답하시지.

A : Come on, **Get to the point!** 제발, 요점이 뭡니까!
B : OK. I'll come straight to the point. 좋아요, 단도직입적으로 말하죠.

036

Give me a break.
좀 봐줘, 그만 해

살다 보면 아쉬운 소리를 해서라도 위기를 모면해야 할 때가 있어. 괜히 아무렇지도 않은 척 해봐야 남는 것도 없다니까. **Give me a break.** 동정심을 유발할 수 있는 불쌍한 표정으로 말해 보는 거야. 제발 사정 좀 봐달라고. ^^

또 말도 안 되는 얘기, 더 이상 듣기도 싫은 경우에도 쓸 수 있어. 개그프로에도 '그만해~' 라는 코너가 있었는데 바로 그 뉘앙스야. 물론 실제상황에서 이런 표현들조차 생각나지 않는다면?? 더 짧은 걸로 외워 두면 돼. 이렇게! **Oh, please~!**

- Have a heart. 제발 부탁이야. (무심하게 그러지 말고)
- Cut me some slack. 사정 좀 봐 줘.
- Give me some more time. 시간 좀 더 줘요.

Useful Expressions

Give me a break, you guys! 그만 해, 너희들!

Give me a break! I'm just trying to help. 이거 왜 이러시나! 난 그저 도와주려고 그랬는데.

Give me a break. Let me try one more time. 좀 봐 주세요, 한 번만 기회를 주세요.

A : I'm a real intellectual-type woman. 나야말로 지적인 여자거든.
B : Oh, **give me a break.** 아, 그만해~

037

Go ahead.
어서 해, 계속 해

복권에 당첨된 부인이 남편에게 짐을 싸라고 했단다. 남편은 세계일주라도 당장 가자는 줄 알았는데, 사실은 짐 싸서 '나가! 어서~' 라는 의미였다는데. ㅋㅋ 그래도 이만하면 당당하고 솔직한 거 아냐? 얼마 전 설문조사에서는 배우자에게 말하지 않겠다는 사람들도 꽤 많던데.

Go ahead! '어서 하라' 고, 혹은 '계속 하라' 고 상대방을 재촉하는 표현이야. 어떤 일을 시작하겠다는 의미로 **I'll go ahead** … 패턴을 쓰기도 해. 또 통화 중 상대방에게 '계속 말씀하라' 는 의미로도 쓸 수 있는 아주 요긴한 표현이야. 열심히 영어공부 해. 어서~ ^^

Useful Expressions

I'll go ahead and apologize now. 제가 지금 사과를 하겠습니다.

Go ahead and help yourself to some cake. 케이크 좀 맘껏 갖다 드세요.

If you really want to go home, **go ahead,** but you'll be sorry!
집에 가고 싶으면 그렇게 해, 하지만 후회할 거야!

A : May I start now? 지금 시작해도 되나요?
B : Yes, **go ahead.** 네, 그러세요.

A : Excuse me, are you listening? 실례지만, 듣고 계세요?
B : **Go ahead,** we're all listening. 계속 말씀 하세요, 우리 모두 듣고 있습니다.

038

Go for it!
자, 해 봐!

사람이 한 번 가라 앉으면 좀처럼 회복하기가 쉽지 않아. 몇 번 취업에 도전했다가 연락조차 못 받으면, 아예 취업을 포기하고 예정에 없던 진학을 하는 경우도 많더군. 공부하는데 빚까지 냈으니 늘 기운이 없고 웬만한 일에도 자신이 없어져.

이럴 때일수록 가까이 있는 사람들이 서로 격려해 줘야 해. '으이구~ 너나 나나' 해봐야 될 일도 안 돼. 정말 하고 싶은 일과 누구보다 잘 할 수 있는 일을 찾아서 도전해 보는 거야. 영어에 이런 표현이 있어. **Go for it!** '자, 한번 해봐!' 이렇게 밀어 부치는 힘만 받아도 탄력을 받을 거야. ^^
좋아, 그럼 밀어 부치는 김에 격려의 표현 몇 개 더 챙겨 볼까? ㅋㅋ

- Do it! 해봐!
- Cheer up! 기운 내.
- Keep your chin up! 기죽지 마. (고개를 들어)
- Keep up the good work! 계속 그렇게 하면 돼!
- Keep on plugging away! 계속 열심히!
- You're on the right track! 너 잘하고 있는 거야.
- Don't underestimate yourself! 널 과소평가하지 마!
- Try it! 도전해!
- Be confident! 자신감을 가져!

Useful Expressions

Go for it! Give it a try! 어서! 한번 해 봐!

I think I'm going to **go for it.** 도전해 볼 생각이야.

If you're sure you want to, **go for it!** 네가 정말 하고 싶다면, 해 봐!

A : I have an offer of a good job. 좋은 스카우트 제의가 들어왔어.
B : Great! **Go for it!** 잘됐네 지원해 봐!

A : I'm a bit worried about the interview. 면접이 약간 걱정이야.
B : Oh, don't worry. **Go for it!** 오, 걱정 마. 한번 해 봐!

Good luck!
행운을 빌어!

사촌이 땅을 사면 배가 아프다는 말이 있어. 물론 가끔은 남 잘 되는 것이 샘이 날 때도 있지만, 난 내 주위 사람들이 잘 되는 것이 곧 내가 잘 되는 것이라고 믿어. 행운을 빈다는 의미의 **Good luck!** 은 누구나 듣고 싶어하는 표현이야. ^^

Break a leg! 이라는 재미있는 표현도 있어. 다리나 부러지라는 의미가 아니라, 행운을 빈다는 표현이야. 일종의 반어법이지. 공연이나 무대에 오르기 전, 동료들끼리 격려의 의미로 쓰는 데서 유래되었다는군. 반대로 행운을 빌어달라고 할 때는, **Wish me luck.** 이라고 하면 돼. 뭐? 다 팔자소관이라고? 이런… ㅋㅋ

이렇게 영어공부를 할 수 있다는 것도 운 좋은 거야. 표현 몇 개 더 챙겨 볼까?

- Any luck? 뭐 좋은 일 없어?
- Best of luck! 행운을 빌게에
- You're in luck. 운 좋으시네요.
- I'll keep my fingers crossed for you. 잘되길 바래.

Useful Expressions

Good luck with your audition! 오디션 잘 봐!

The best of luck to both of you! 두 사람 모두 행운을 빌어!

A : **Any luck?** 뭐 좋은 일 없어?
B : No. 없어.

A : I'm taking an exam in history tomorrow. 내일 역사 시험이 있어.
B : **Good luck.** 잘 봐.

040

Got a minute?
잠깐 시간 돼?

잠깐 시간 되냐고, 그저 잠시 얘기나 하자는 말처럼 편한 말이 없을 거 같은데, 현실은 달라. 직장 상사가 잠깐 보자는 말은 듣기만 해도 가슴이 철렁하고, 누가 차 한 잔만 하자고 해도 무슨 일인지 부담부터 되는 게 사실이야. 세상이 너무 야박해졌어. -.-

Got a minute? '잠깐 시간 있어? 차 한잔 할까?' 정말 편하게 자판기 커피라도 같이 하자고 던질 수 있는 좋은 표현이야.
그럼, 어디 영어공부하는데 잠깐 시간 좀 내볼까? ^^

- Can we talk? 우리 얘기 좀 할 수 있어요
- We need to talk. 우리 얘기 좀 하지.
- Can I speak with you? 당신과 얘기 좀 할 수 있을까요?
- Can you squeeze me in? 잠깐 시간 좀 잡아 주시겠어요?
- Do you have some time? 시간 좀 있어?
- I have something to tell you. 나 너한테 할 얘기 있어.
- Do you have a minute/second? 잠깐 시간 돼?
- Can I talk to you for a bit/minute? 잠깐 얘기 좀 할 수 있어요?
- Can I steal a minute of your time? 잠깐 시간 좀 뺏어도 될까?

Useful Expressions

A : **Got a minute?** 잠깐 시간 돼?
B : Yeah. What do you need? 응, 무슨 일이지?

A : **Do you have a few minutes** for coffee? 커피 한 잔 할까?
B : Yes. What's up? 응, 무슨 일이야?

A : Brian, **Got a minute?** Mike is here to see you.
   브라이언, 시간 좀 있어? 마이크가 좀 보자는데.
B : Sure. What's the matter? 그러지, 무슨 일 있나?

041

Gotcha!
알았어! 좋아! 잡았어!

액션영화라면 시내 뒷골목 추격장면은 기본이야. 도망자는 늘 막다른 골목이나 철조망을 만나게 되지. 재난영화에도 뻔한 장면이 있어. 사랑하는 사람이 벼랑이나 골짜기 밑으로 떨어지는 것을 뻔히 눈앞에서 보게 돼. 그것도 한번 잡았다가 꼭 놓치잖아. ㅋㅋ

Gotcha! 는 **Got you!** 더 정확히 말하면, **I've got you!** 의 준말이야. 발음 나는 그대로 쓰는 경우지. '잡았어!' 체포한다!' 의 의미와 '좋아, 알았어' 정도의 의미로 쓰여.
참고로 **I got you.** 하면 재정적으로 챙겨 준다는 의미도 돼. 멋진 뮤지컬을 친구랑 같이 보고 싶은데 주머니 사정이 좋지 않는지 선뜻 대답을 못하면, 그래 이번에는 그대가 쏘는 거야. ^^

Useful Expressions

This is a **gotcha**. 당신을 체포한다.

Gotcha! Thanks for telling me. 알았어! 말해줘서 고마워.

Don't worry about it. **I got you.** 걱정 마, 내가 낼게.

There's no getting away. **I gotcha now.** 도망은 없다. 이제 잡았네.

A : Lock up when you leave. 문 잘 닫고 가.
B : **Gotcha.** 알았어.

A : You drive first and then we'll switch round. OK?
네가 먼저 운전하고 그 다음부터 교대하자, 오케이?
B : **Gotcha.** 좋아.

042

Hang in there.
견뎌 봐

요즘 우리가 가장 부족한 소양 중에 하나가 바로 인내심이야. 그런 의미에서 이 시대 최고의 격려는 '좀 참아 보라'는 말이 아닐까 싶어. ^^

Hang in there. '버텨 봐, 견뎌 봐'라는 의미야. 물건을 들거나 받치고 있는 일시적인 상황에서부터 이런저런 이유로 퇴직하려는 동료에게까지 쓸 수 있는 표현이야.
인내심이 2% 부족할 때, 이온음료와도 같은 표현이지. ㅋㅋ
영어공부도 이 참에 제대로 한 번 밀고 나가 봐. ^^

- Be strong! 강해야 해!
- Hang tough! 밀어 부쳐!
- Don't give up! 포기하지 마!
- Keep on working! 계속해 봐!
- I'm counting on you. 난 널 믿는다.
- Keep on plugging away! 계속 열심히 해 봐!
- Don't quit! 그만두면 안 돼!
- Keep trying! 강해야 해!
- Just a little more! 조금만 더!
- Keep working hard! 열심히 계속해 봐!
- I know you can do it! 너라면 할 수 있어!

Useful Expressions

Hang in there and it'll be OK. 견디면 다 잘될 거야.

A : If I don't get a pay rise, I'll quit. 급여가 안 오르면 그만 둘 거야.
B : **Just hang in there,** things will get better. 좀 버텨봐, 상황은 좋아질 거야.

A : I should just quit and kiss this job goodbye. 당장이라도 그만두고 떠나야 할까 봐.
B : I know things are tough, **but hang in there.** 상황이 열악하다는 거 알지만, 견뎌 봐.

043

Help yourself.
마음껏 드세요

많고 많은 전시회 중에 와인박람회가 있어. 입장료를 내면 와인잔도 한 개씩 주는데, 그걸 들고 다니면서 각 부스에서 제공하는 고급 와인을 마음껏 시음할 수 있지. 중간중간 잔을 세척할 수 있는 기계도 있고, 치즈회사 부스에서는 쉴 새 없이 안주도 챙겨 줘. 뭐 이런 자비로운(?) 행사가 다 있냐고?
앗, 와인 주량을 잘 모르셨나. 저기 전시장 한복판에 대(大)자로 누워 계신 분은 누구?? ㅋㅋ

먹을 것에 인색하지 않은 우리네 정서와 잘 맞는 표현이 있어. **Help yourself!** 마음껏 챙겨 드시라는 표현이야. 여기 예문도 많네. 마음껏 챙겨 봐. ^^

Useful Expressions

Help yourself to the wine! 와인은 얼마든지 드십시오.

There's bread on the table. **Help yourself.** 테이블에 빵 있어요. 갖다 드세요.

Help yourself! There's more in the kitchen. 마음껏 드세요! 음식은 부엌에 더 있어요.

Shall I serve out the dish or would you like to **help yourselves?**
서빙을 해 드릴까요 아니면 직접 갖다 드시겠어요?

A : May I try one of your cheese cakes? 치즈 케이크 하나 먹어 봐도 돼요?
B : Sure, **help yourself.** 그럼요. 얼마든지요.

044

Hold on.
잠시만요

예전 고객상담전화는 거의 대부분 080 수신자부담이었는데, 언제부터인가 4자리 국번으로 거의 다 바뀐 거 같아. 바로 터져만 주면야 그나마 괜찮지. 누르라고 하는 건 뭐가 그리 많은지. 곧 연결해 줄 테니, **Hold on.** 잠시만 기다려 달라는 것도 수차례. 결국은 통화량이 많고 어쩌니 하면서 다시 걸라네. ㅠㅠ

이렇게 전화 연결할 때, 끊지 말고 기다리라는 의미로 **Hold on.** 을 써. 잠깐 기다리라는 **Hold on a minute/moment!** 의 준말이지. 순간의 선택은 10년을 좌우한다지만, 잠깐 기다려주는 의리야말로 평생을 갈 수도 있어. ^^

꼭 챙겨 볼 표현이야. 잠깐이면 돼. ㅋㅋ

- I won't be a minute. 잠깐이면 돼.
- One moment, please! 잠깐 기다리세요.
- Wait a minute/second! 잠깐만!
- Just a moment/second! 잠깐 기다려.

Useful Expressions

Wait a minute! I'm almost/nearly ready. 잠깐만! 거의 (준비) 다 됐어.

Hold on a minute while I get my breath back. 잠깐 기다려, 숨 좀 돌리게.

Hold on, I'll just connect you with Mr. Yang.
끊지 말고 기다리세요, 양 선생님 연결시켜 드리겠습니다.

A : Will you wait for me? **I won't be a minute.** 날 기다려 주겠니? 잠깐이면 돼.
B : OK, we can wait. 좋아, 기다릴게.

045

How about ~?
어때?

상대방에게 '…하는 게 어때? …는 어떨까?' 라고 가볍게 제안하는 패턴이야. **How about** …? 대신 **What about** …? 을 써도 마찬가지. 또 '…는 어때? …은 어떻게 되는 거야?' 라고 상대방의 생각을 물을 때 쓰기도 하는데… 예를 들면, **How about you?** 라고 하면 '넌 어때? 네 생각은 어때?' 라는 의미가 되는 거야. 또 이 패턴은 다른 사람의 제안을 완곡하게 거절하면서, 내가 오히려 제안을 할 때 쓰기도 해. ^^

How about that! 이란 표현도 있어. 도무지 직역해서는 알 수가 없는 구어체 표현이니까 그냥 외워야 해. 이 책을 내가 썼다고 하면 다들 뭐라고 할까? 모르긴 해도 첫마디가 **How about that!** '이것 봐라. 대단한 걸!' 이라고 하지 않을까? 가벼운 놀람의 표현이야. ^^

Useful Expressions

How about this? 이건 어때? 이건 어떻게 생각해?

What about my feelings? 내 기분은 어쩌고?

How about having California roll for lunch? 점심으로 캘리포니아 롤 어때?

A : I'm thirsty. **How about** a beer? 갈증 나, 맥주 한잔 어때?
B : That's a great idea! 좋은 생각이야!

A : I'm in the mood for a picnic today. 오늘 피크닉이라도 가고 싶은 기분이야.
B : **How about** going to Seoul Grand Park tomorrow?
 내일 서울대공원 가는 건 어때?

046

How come?
이유가 뭐야?

눈치 빠른 나도 도대체 왜, 어째서 그래야 되는지 모를 때가 있어. 그럴 때 쓰는 표현이 바로 **How come?** 이야. 늦장가 가는 친구가 왜 약혼자도 안 보여 주고 쥐도 새도 모르게 결혼을 해야 하는지, 얼마 전 입사한 김차장은 왜 매일 조금씩 늦게 출근하고, 조금 일찍 퇴근해야 하는지 도통 모르겠어. 어디 이유나 들어보자니까. 뭐 사안에 따라서는 정상참작도 가능해. ^^

이유를 묻는 또 다른 표현들이야.

- Why? 왜?
- Tell me why? 이유를 말해 봐.
- I want to know why. 이유는 알아야지.
- How comes it that …? 도대체 어떻게 된거야?
- Why's that? 그게 왜?
- For what reason? 뭐 때문에?

참고로 이 패턴은 의문문이지만 평서문 어순으로 나와야 해. 그렇다고 도대체 왜, 어째서 그래야 되는지는 묻지마. ㅋㅋ

Useful Expressions

You're late. **How come?** 왜 늦었는데?

How come you missed the plane? 어쩌다 비행기를 놓쳤어?

How comes it that you didn't know? 네가 몰랐다니 도대체 어떻게 된 거야?

How come we haven't met your fiancé yet? 약혼자 안 보여주는 이유가 뭐야?

A : They're moving to New Zealand. 그 사람들 뉴질랜드로 갔어.
B : **How come?** 이유가 뭔데?

A : Dick and Jane say a single word to each other. 딕이랑 제인 서로 한마디도 안 해.
B : **How come?** 이유가 뭐래?

047

How's it going?
요즘 어떻게 지내?

아무리 메신저나 미니홈피가 편하고 좋아도 만나서 악수도 하고 눈도 맞춰 가며 안부를 묻는 게 좋은 것 같아. 서양인들처럼 허깅도 하고 말이야. **How's it going?** 요즘 어떻게 지내느냐는 말인데 정말 꼭 알고 있어야 할 표현이야. 무소식이 희소식이라지만, 내 메신저에는 1년이 넘도록 안부도 안묻는 친구(?)도 있어. 요즘은 성형도 많이 해서 오랜만에 만나면 얼굴도 금방 못 알아보는데… 아예 메신저 대화명을 **How's it going?** 으로 바꿔 놓을까?? 반갑다. 친구야! 그 동안 못한 인사 몰아서 해주마. ㅋㅋ

- What's up? 요즘 어때?
- Been good? 잘 지내지?
- How are you? 잘 지내?
- How are you doing? 어떻게 살아?
- How have you been? 그 동안 어떻게 지냈어?
- How's your business? 요즘 사업이 어때?
- Where have you been keeping yourself?
  그 동안 어디서 뭐하고 지낸 거야?
- How's life? 어떻게 살아?
- What's new? 뭐 좀 좋은 일 없어?
- How's everything? 잘 돼지?
- How are things going? 잘 지내지?

Useful Expressions

Well, **how's it going at work?** 그래, 직장 생활은 어때?

How's it going with your English lesson? 영어 공부는 잘돼가고 있나?

A : Steve! **How's it going?** 스티브! 요즘 어떻게 지내?
B : **It's going great!** How about you? 잘 지내지, 너는?

A : So, **how's it going?** 그래, 잘 지내지?
B : **All right. / Great. / Not bad. / Pretty good. / Well. / So-so.**
좋아. / 잘 지내. / 그럭저럭. / 아주 좋아. / 잘 지내. / 그럭저럭.

03

웃기는 英선생
영어회화 핵심 기본 표현

윤다가 전진 영어회화

048 I bet~
분명, 틀림없이

⋮

086 Just think!
한번 상상해 봐!

048

I bet~
분명, 틀림없이

이탈리아 여행 중인 차승원씨가 느끼한 크림 스파게티 앞에서 괴로워하는 고추장 광고 기억나? 얼마나 매운맛이 사무쳤으면 그랬겠어. 영어로 말하자면,

I bet he's looking forward to that hot *gochujang*.
그는 분명 매운 고추장 생각이 간절할 거야.

이렇게 '분명, 틀림없이' 의 의미로 말하고 싶을 때나, 상대방의 감정을 이해한다는 느낌으로 말할 때 자주 쓰는 표현이 **I bet** 혹은 **I'll bet** 이야.
내기하겠다는 의미로 직역해 버리면 좀 이상하지.
반대로 그럴 것 같지 않다고 말할 때는, **I wouldn't bet on it.** 장담하지 말라고 말해주고 싶을 때는, **Don't bet on it.** 이라고 하면 돼. 너무 쉽다고? 별거 아니라고? 너무 장담하지 마. ㅋㅋ

Useful Expressions

I bet it'll rain tomorrow. 내일은 틀림없이 비가 온다.

I bet they'll be late - they always do. 그들은 틀림없이 늦을 거야, 늘 그러거든.

A : I was so nervous. 너무 긴장했어.
B : **I bet** you were! 그랬을 거야.

A : She'll be back. 그녀는 돌아올 거야.
B : **I wouldn't bet on it.** 그럴 것 같지 않은데.

A : I can run faster than you. 내가 너보다는 빨리 달릴 수 있어.
B : **Don't bet on it.** 장담하지 마.

A : **I'll bet** you don't know what New York's nickname is!
네가 뉴욕의 닉네임은 모를 거야.
B : The Big Apple, Right? 빅애플이잖아?

I can't afford it.
그럴만한 여유가 없어요

물건 흥정하는 것처럼 스릴 있는 것도 없을 거야. 재래시장에서는 아직도 이런 정겨운(?) 광경을 종종 볼 수 있다지? 좀 약은 손님은 미리 지갑에서 현금을 좀 빼두는 거야. 계속 비싸다고 하면서 막판에 지갑을 보여주는 거지. 자 봐라. 예산초과다. 난 여유 없으니 팔든지 말든지 해라. 뭐 대충 이러면 주인도 손해보고 파느니 어쩌니 하면서 갖고 가라고 그러잖아. 아, 그러고 보니 요즘은 인터넷으로도 흥정하면서 주문을 하더군. ^^

'어떤 비용을 지불할 여유가 없다' 든가 또는 '어떤 일을 할 시간적 여유가 없다'고 말하고 싶을 때, **I can't afford it!** 이라고 말하면 돼. 아무리 여유가 없어도 다음의 표현은 꼭 챙겨 둬. ㅋㅋ

- What a rip-off! 완전 바가지야!
- It's too expensive. 너무 비싸요.
- It's out of my budget. 예산 초과야.

Useful Expressions

I can't afford to buy a new car. 난 지금 새 차를 뽑을 형편이 안돼.

It's too expensive. I can't afford it. Can you come down a little?
너무 비싸요. 그럴 만한 돈이 없네요. 좀 깎아 줄 수 있나요?

$200 for a shirt! **What a rip-off!** 셔츠 한 장에 2백 불이라니, 이런 날강도 같으니!

A : Let's take a trip to Sedona. 세도나로 여행가자.
B : **We can't afford it.** It's out of the question. 그럴 여유가 없어. 생각할 것도 없어.

050

I can't believe this!
설마 이럴 수가!

아내의 씀씀이가 좀 과하다 싶었는데 알고 보니 복권 당첨자였어. 헉!
친한 친구가 대뜸 하는 말이 대통령과 알고 지낸다고? 사기꾼 다 됐군. -.-
할 줄 아는 음식이라고는 라면이 유일한 남편이 식탁을 차렸네. 해가 서쪽에서 뜨겠어. ㅋㅋ

살다 보면 정말 놀라서 펄쩍 뛸 일이 생기기 마련…
이럴 때마다 감탄사처럼 쓸 수 있는 표현이 바로 **I can't believe this!**
다음 표현들도 함께 알아두면 좋을 거야. 믿으라니까!

- Believe it or not! 믿거나 말거나!
- You better believe it! 믿으라니까!
- I don't believe a word. 난 한마디도 안 믿어.
- I'll believe it when I see it. 내 눈으로 똑똑히 봐야 믿겠어.
- I couldn't believe my eyes. 내 눈을 의심하지 않을 수 없었다.

Useful Expressions

But even so, **I can't believe it.** 설사 그렇다 하더라도, 난 못 믿겠어.

I'm over sixty years old, **believe it or not.**
제가 환갑을 넘겼습니다, 믿거나 말거나 말입니다.

Would you believe it, she's younger than me! 믿지 못하겠지만, 그녀가 나보다도 어려!

I can't believe this! Did you set the table yourself?
해가 서쪽에서 뜨겠어요! 당신이 음식을 차린 거예요?

A : **I can't believe this!** Do you really know the President?
설마! 정말 당신이 대통령을 안다고?
B : **You better believe it!** 믿으라니까!

I can't help it
내가 어쩌겠어

몇 년 전, 나라 경제를 보도하는 무게 있는 방송프로에 감히 파리 한 마리가 진행자 얼굴 앞에서 까불다가 결국은 방송이 잠시 중단된 적이 있어. 이렇게 가끔 방송인들의 실수가 화제가 되곤 하는데, 주로 생방송 중에 웃음 보따리가 터지는 경우야. 방송인으로서 자질이 부족하다는 의견도 있지만, **I can't help it.** 어쩌겠어. 터지는 웃음을… ㅋㅋ

이렇게 아무리 해도 멈출 수 없는 상황에서 또는 내 탓이 아니라고 말할 때 쓸 수 있는 표현이야.
비슷한 표현들도 짚고 넘어가야 해. 어쩔 수가 없어. ^^

- I was out of control. 난 자제력을 잃었어.
- I couldn't help myself. 나도 어쩔 수가 없었어.
- I couldn't control myself. 나도 감정을 억제할 수 없었어.

Useful Expressions

It can't be helped. 그것은 어쩔 수가 없어.

I can't help it, it's a terrible habit. 내가 어쩌겠어, 못된 버릇을.

I burst out laughing. **I just couldn't help it.** 난 웃음을 터트렸다, 참을 수가 없었다.

I can't help it if they don't read the instructions!
사람들이 지시 사항을 읽지 않는 게 내 탓이야!

A : Please don't cry. 울지 마세요.
B : **I can't help it.** 참을 수가 없어요.

052

I can't wait.
너무 기대돼

개그프로 중에 '서울나들이' 라는 코너가 있었잖아. '일이 너무너무 하고 싶어 안달이 나 있는 상태' 라는 어설픈 서울말씨가 너무 웃겼는데... ㅋㅋ

I can't wait! 못 기다릴 정도로 기대하고 있다는 표현이야. 어릴 적에는 방학이나 크리스마스를, 조금 크면 〈해리포터〉 시리즈를… 그리고 다 크면 보고 싶은 얼굴 때문에 안달이 나지.
난 지금 오늘 새벽에 상 받은 전도연 주연의 〈밀양〉이 너무너무 보고 싶어. 뭐라구? 비슷한 표현도 기대된다고? 크아~ 영어가 될 징조야. ^^

- I'm looking forward to it. 학수고대하고 있어.
- I'm counting the minutes. 손꼽아 기다리고 있어.

Useful Expressions

I can't wait to see you. 널 보고 싶어 못 참겠어.

I can't wait to see the look on her face. 그녀의 표정이 너무 궁금해 죽겠어.

I'm going to see 'Secret Sunshine' tomorrow. **I can't wait!**
내일 〈밀양〉을 보러 갈 거야. 너무너무 보고 싶어.

A : **I can't wait** to learn to drive. 운전 배우고 싶어 못 참겠어.
B : Oh, really? 정말?
A : Yes, **I'm really looking forward to it.** 그럼! 정말 학수고대하고 있지.

I can't stand it.
못 참겠어

I can't stand … 다른 건 다 참아도 이것 만은 못 참는다 하는 것들이 각자 다 있을 거야. 시각적으로 예민한 사람들은 볼 만한 영화가 별로 없어. 피를 못 보거든.

또 듣는 게 민감한 사람 중에는 삼류 뽕짝 메들리가 나오면 굉장히 언짢아 하거나, 심지어 골목 계란장수 목소리만 들어도 미쳐 버리는 경우도 봤어. '계란차 왔어요~ 계란차~' 난 정겹고 재밌게 들리던데. 담배연기 좋아하는 사람은 별로 없을 거야. 흡연자도 싫어하는 게 바로 담배냄새니까.

난 덥고 끈끈한 여름 날씨를 못 참아. 아, 올 여름은 또 어찌 지내남… ㅠㅠ

뭐? 지구를 떠나라고? 하긴 **If you can't stand the heat, get out of the kitchen.** 이라는 말이 있어. 더우면 덥다고 하지 말고 부엌을 나가라는 말인데. 절이 싫으면 중이 떠나야 한다는 우리 말처럼 결국 싫으면 관두라는 말이야. 영어 공부 너무너무 싫다고? 뭐, 싫으면 관둬야지. ㅠㅠ

Useful Expressions

Kate **can't stand** snakes. 케이트는 뱀이라면 질겁을 한다.

I can't stand this hot/humid weather. 더워서/끈끈해서 못 참겠어.

She **can't stand** to be around cigarette smoke. 그녀는 담배연기라면 딱 질색을 한다.

A : Have you been fighting with your brother again? 너 또 동생이랑 싸웠니?
B : **I can't stand** him anymore. 더 이상 못 참아요.

054

I don't care.
상관없어

소신껏 사는 시대야. 누가 뭐라던 저 하고 싶은 공부도 하고, 기술도 배워. 남들이 어떻게 생각하든 상관 없어. '나는 나'거든.

I don't care. 상관 없다는 말이야. 어찌 보면 상대를 아주 배려하는 표현 같기도 하지만, 딱 부러지게 자기 의사를 표현하지 못하는 느낌의 표현이 될 수도 있어. 성의도 없고 상대방 기분도 나빠질 수 있는 표현이니까 잘 써야 돼. 아무래도 상관없다고? ㅋㅋ

- I'm easy. 난 아무래도 좋아.
- It doesn't matter. 상관없어.
- Whatever! 아무래도 상관없어.
- It makes no difference to me. 나 한테는 중요하지 않아.

특히, **It doesn't matter.** 는 정말 많이 쓰는 표현이야. 꼭 함께 알아둬. ^^

Useful Expressions

For my part **I don't care** what you do. 나로서는 네가 뭘 하든 상관없다.

I don't care what other people say. I'm not going. 누가 뭐라고 하든 상관없어. 난 안 가.

It makes no difference to me what you say. I'm going to marry her.
네가 무슨 말을 해도 상관이 없어. 난 그녀와 결혼할거야.

A : Would you like to go to the movies or out to eat?
영화를 보실래요. 식사를 할까요?

B : Oh, **I'm easy.** 오, 전 상관없어요.

A : That's not good. So what should we do? Sue them?
낭패군요. 그럼 우리가 어떻게 해야 되죠? 소송을 해요?

B : **It doesn't matter.** 전 아무래도 상관없어요.

I messed up.
죽 쒔어

학창시절 중간고사 좀 망쳤다고 펑펑 우는 놈이 있었어. 그것도 교실에서. 남자는 울면 안 된다고? 그 때는 그렇게 생각했지만, 나 역시 중요한 면접을 죽 쑤고 나서는 어찌나 어이가 없던지. 왜 그리 떨었는지 몰라. 면접 전에 청심환까지 먹었는데 말이야.
혹, 그 부작용?? ㅋㅋ
지금도 내가 그 면접을 얼마나 망쳤었나를 생각하면 잠이 안 와. ㅠㅠ

이렇게 '죽 쒔어, 다 망쳤어' 라는 말을 영어로는 **I messed up.** 이라고 해. 집안을 난장판으로 만들어 놓은 것부터 시작해서, 누가(?) 나라 경제를 말아 먹었다는 식의 표현까지 두루두루 다 쓸 수 있는 표현이야. ^^

Useful Expressions

Who **messed up** my clean room? 누가 내 깨끗하던 방을 더럽혀 놨어?

Stop it! You're **messing up** my hair! 그만! 내 머리를 엉망으로 만들고 있어!

A : **I messed up.** 내가 다 망쳤어.
B : I'm not so sure. That wasn't all your fault. 글쎄, 그게 다 네 잘못만은 아니었어.

A : How did you do on the interview? 인터뷰 어떻게 됐어?
B : **I really messed up.** 완전 죽 쒔어.

I mean~
그러니까 말이지

말을 하다 보면 부연 설명을 할 때도 있고, 할 말이 마땅치 않아 잠시 머뭇거릴 때도 있어. 또 말이 잘못 나와 재빨리 정정하는 경우도 있잖아? **I mean**은 이때 쓰는 표현이야.

우리말로는 '그러니까 말이지, 아니 내 말은, 아니'의 의미지. 영어 말하기에 자신이 없다면 더더욱 알아둬야 할 표현이 아닐까 싶어. 그러니까 내 말은, 이런 표현들을 잘 써야 진짜 실력이라는 거야. ㅋㅋ
동사 **mean**과 함께 알아두면 좋은 표현들이야.

- I mean it. 정말이야, 농담 아냐.
- You mean …? 그러니까 당신 말은 …?

Useful Expressions

Don't laugh! **I mean it!** 웃지 마! 농담 아냐!

You mean I'm short-sighted? 그러니까 제가 근시란 말씀인가요?

He plays the trumpet, **I mean** the trombone. 그는 트럼펫 아니 트롬본 주자다.

A : Will you come to the dance tonight? 오늘밤 댄스 파티에 올래?
B : I'm not going. **I mean,** I'm not a good dancer.
　　난 안 가. 내 말은 춤을 잘 못 춘다는 말이야.

A : Who do you wish to speak to? 누구를 바꿔드릴까요?
B : Mr. Frank … **I mean,** Mr. Brown, please. 프랭크씨… 아니, 브라운씨를 부탁합니다.

057

I promise~
약속할게

하루가 멀다 하고 술자리, 그래서 툭하면 새벽에 들어오는 김 과장님. 아침이면 쓰린 배를 움켜 쥐고 다짐을 하지.
I'll never do that again. **I promise.**
다시는 안 마신다고. 약속한다고. 더 오버하는 경우도 많아. 내 손에 장을 지진다는 둥, 내가 당신 아들이라는 둥… ㅋㅋ 이 정도 수준이면 약속이라기 보다는 일종의 절규 내지는 애원이야.
주로 아이들끼리 쓰는 말이지만, 영화에서 자주 나오는 재미있는 표현도 있어.

- Cross my heart, hope to die, stick a needle in my eye.
  맹세하는데, 내 말이 거짓말이면 죽어도 좋고, 내 눈을 찔러도 좋아.

함께 챙길 표현이 좀 더 남았네.
하루에도 12번, 결심만 하지 말고 오늘부터는 진짜 한 번 해보는 거야. 약속?

- I swear. 맹세해.
- I give you my word. 약속해.

Useful Expressions

A: You promise? 약속하는 거지?
B: All right, **I promise.** 좋아, 약속해.

A: You're late again. 또 지각을 했군.
B: **I promise.** I won't. 약속할게, 안 늦을 거야.

A: Promise you won't forget! 잊지 않겠다고 약속해!
B: I will. **I promise.** 그럴게요, 약속하죠.

A: **I promise** I'll pay you back, on my honor. 돈은 갚겠습니다, 맹세해요.
B: You'd better! 그러는 게 좋을 거야.

058

I see.
알겠어, 알았어

얼마 전부터 영상통화 서비스가 시작되었지만, 글쎄 그렇게 나의 모든 것을 보여주는 쇼(?)를 할 수 있을까? 아직은 모르겠어. 이 와중에도 문자 서비스가 여전히 인기가 있는 이유가 있어. 저렴하고 명료하게 그것도 여러 명에게 동시에 보낼 수 있다는 거 아니겠어? 부모님께 문자를 받아본 적이 없는 거 같아서 여쭈어 봤더니, 아직 못 배우셨다는 거야. 아차! 가슴이 철렁하더군. 바로 레슨 들어갔지. ^^

하나하나 설명해 드리니까 **I see.** '이제 알겠다'며 만족해 하시는 거야. 부모님께 핸드폰 사 드리고, 비용 내드리는 것도 좋은 일이지만… 부족했던 2%가 더 중요했어. 뭔 말인지 알지? ^^

- I get it. 알겠어.
- I understand. 이해돼.
- I see your point. 무슨 말인지는 알겠어.
- I've got the message. 뭔 말인지 알겠어.

Useful Expressions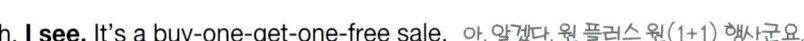

Oh, **I see.** It's a buy-one-get-one-free sale. 아, 알겠다. 원 플러스 원(1+1) 행사군요.

I see your point, but I can't really agree with you.
무슨 말인지는 알겠습니다만, 동의할 수는 없네요.

I've got the message. You don't have to tell me again.
뭔 말이지 아니까, 다시 말할 필요 없어.

A : Then give the button another press. 그리고 버튼을 한 번 더 눌러.
B : Yes, **I see.** 응, 알겠다.

A : Now do you see what I mean? 이제 내 말 알겠니?
B : Yes, **I understand** now. / **I don't get it.** 응, 이제 이해가 되네. / 이해가 안 돼.

I suppose so.
그럴 거야, 그러지 뭐

예전에는 말수도 적고, 무뚝뚝한 남자가 인기가 있었어. 노란 셔츠만 입고 있으면 말이야. ㅋㅋ 하루 종일 몇 마디 안 하는 걸로 유명한 경상도 사나이만의 카리스마(?)도 다 옛날 얘기야. 요즘은 그저 유머감각 있고, 능력 있는 남자가 최고라던데… 맞는 얘기야? **I suppose so.**

이렇게 딱 부러지게 말하는 게 아니고 조금은 불확실하게, 마지 못해 OK하는, 그런 상황에서 쓸 수 있는 표현이야. '그럴 거야, 그러지 뭐' 정도의 다소 멋대가리 없고 무뚝뚝한 표현이지. 다음 표현들까지 함께 알아두면 좋겠네 뭐. ㅋㅋ

- **I guess so.** 그렇지 뭐.
- **If you say so.** 그렇다면 그런 거겠지.

Useful Expressions

A : Will she come? 그녀가 올까?
B : **I guess so.** 그럴 거야.

A : Can I go out tonight? 오늘 밤에 외출해도 돼?
B : **I suppose so.** 그러지 뭐.

A : Will you call me? 전화 주겠니?
B : Uh, yes, **I suppose so.** 어, 그래, 그러지 뭐.

060

I tell you.
이건 정말인데, 정말이지

학교 수업보다는 학원 강의에 열광하는 요즘, 소문난 명강의만 찾아 다니기도 바빠. 뭐 물론 명강사니까 실력도 좋겠지만, 사실 그 인기 비결은 따로 있어. 콕콕 집어 준다는 거지. 중요한 건 밑줄, 박스, 별표 거기에 돼지꼬리까지… 형형색색 형광펜 떨어지는 줄 모른다니까. ㅋㅋ

영어에도 내가 하고 싶은 말을 강조해서 말하고 싶을 때 쓸 수 있는 표현이 있어. **I tell you.** '이건 정말인데, 정말이지' 정도의 의미야. 이런 말을 잘해야 내 마음도 전달이 잘 되고, 그래야 또 상대방이 내 말도 믿어주는 거야.

정말이지, 다 비슷한 의미의 좋은 표현들이야. 정말이야. 꼭 외워둬!

- I'm telling you 정말이야.
- let me tell you 정말이거든.
- I can/can't tell you 내 말 좀 들어 봐, 정말이지.

Useful Expressions

Mike did it, **I tell you.** 마이크 짓이라니까.

I can tell you, it was a nice musical. 정말이지, 멋진 뮤지컬이었다.

It was a really great concert, **let me tell you.** 정말 대단한 콘서트였어, 정말이야.

A : My waist is killing me. 허리 아파 죽겠어.
B : I know you suffer with your waist, **I can tell.** 허리 때문에 고생하는 거 다 알고 말고.

061

I think I'm coming down with something.

뭐에 걸렸나 봐

요즘 좀 바빠서 무리 좀 했더니 어제 오늘 기분이 영 별로네. **I think I'm coming down with something.** 뭐에 걸린 거 같아. 침 넘어가는 느낌이 좀 이상한 걸 보니, 목도 부은 것 같고… 약국을 갈까, 병원에 가서 주사를 한 대 맞을까 하는 생각도 잠시… 온 몸이 달달 떨리면서 몸살 기운까지. 이런 젠장! 오늘 무조건 야근해야 되는데… ㅠㅠ 영어도 컨디션 좋을 때 한 자라도 더 익혀두는 거야. ^^

- I feel pretty rough. 몸이 상당히 안 좋아.
- I've got a touch of cold. 감기 기운이 좀 있어.
- I don't quite feel myself today. 오늘은 컨디션이 별로야.
- I feel a little under the weather. 몸이 좀 안 좋아.
- I'm just not feeling up to par today. 오늘은 평소만큼 기분이 좋지 않네.
- I've been out of sorts for a day or two. 어제 오늘 기분이 별로야.

Useful Expressions

I think I'm coming down with the flu. 독감에 걸린 것 같아.

I feel pretty rough. I must be coming down with something.
몸이 상당히 안 좋아. 무언가에 걸린 게 틀림없어.

A : Are you feeling okay today? 오늘 기분 괜찮아?
B : **I feel a little under the weather.** 몸이 좀 안 좋아.

A : You look pale. What's wrong with you? 안색이 창백하구나. 무슨 일 있니?
B : Don't worry. **I'm just coming down with a cold.**
걱정 마. 그냥 감기 기운이 있을 뿐이야.

A : Hi, how are you feeling today? 안녕. 오늘 컨디션 어때?
B : I don't feel well. **I think I'm coming down with something.**
별로 안 좋아. 나 아무래도 뭐 걸린 것 같아.

I told you.
내가 뭐랬어

원래 남 얘기 하는 건 쉬운 거야. 뭔가 일이 꼬인다 싶으면, **I told you!** '내가 뭐랬어!' 라고 말하기 좋아하는 인간들이 있어. 좀 잘 나가는 남친 얘기를 할 땐 그렇게 부러워하더니만, 좀 틀어지니까 요것이 목소리 커지는 것 좀 보라고. 고소하니? -.-

좋게 생각하면서 표현 몇 개 더 챙겨 볼까?

- What did I tell you? 내가 뭐랬어?
- I've told you over and over again not to do that.
  내가 하지 말라고 몇 번을 말했잖아.
- If I've told you once, I've told you a thousand times…
  내가 한 번만 더 얘기하면, 천 번은 했을 얘긴데 말이야…

어른들의 잔소리(?)와도 같은 표현이네. 외워두면 피가 되고 살이 되는 표현이 될 거야^^

Useful Expressions

See? I told you. 거봐? 내가 뭐랬어.

There now! **What did I tell you?** 거봐! 내가 뭐랬어?

I told you so. You can't trust him. 내가 뭐라던, 그 남자 믿지 마.

A : **I told you.** 내가 뭐랬어.
B : You were right. I should have listened to you.
   네가 옳았어. 네 말에 귀를 기울였어야 했는데.

I'll think about it.
생각해 볼게

살다 보면 때로는 남에게 부탁이나 아쉬운 소리를 할 때가 있어. 물론 곧바로 도움을 받는 경우도 있지만 아주 애매하게 거절 당하는 경우가 있는데…

영어로 표현하자면, **I'll think about it.** 생각해 보겠다는 거야. 아쉬운 쪽에서는 생각해 볼 게 뭐 있을까 싶은데 말이야. 뭐 정말 잠시 생각해 보고 답을 주는 경우도 있지만, 사실 대부분 정중한 거절이라고 봐야 하지 않겠어? ㅋㅋ

비슷한 표현들이 뭐가 있는지 좀 생각해 봤는데… ^^

- I'll sleep on it. 시간을 갖고 생각해 보겠어.
- Let me think it over. 생각 좀 해보자.
- I'll have to think about it. 생각 좀 해봐야겠는데.
- I'll seriously think about it. 곰곰이 생각해 볼게요.
- I'll take it under consideration. 한 번 고려해 보죠.
- I'll give it some (serious) thought. (진지하게) 생각해 볼게요.

Useful Expressions

I'll think about it and let you know tomorrow. 생각해 보고 내일 알려줄게.

That sounds great! **I'll seriously think about it.**
그거 좋을 것 같네요. 진지하게 생각해 볼게요.

I've read your proposal and **given it some serious thought.**
그쪽의 제안서를 읽고 진지하게 생각해 봤어요.

A : Go away and **think about it,** then let me know. 가서 생각해 보고 알려줘.
B : Don't worry. This won't take long. 걱정 마, 오래걸리지는 않을 거야.

I'm exhausted.
지친다

요즘은 그 인기가 다소 식었지만, 한때 '아침형 인간'이라는 키워드가 꽤나 화제였어. 아침마다 모닝콜(wake-up call)을 서로 해주는 동호회가 생겨났고, 아예 돈을 받고 깨워주는 업체도 있었으니까. 유명 자기계발 강사의 세미나 내용을 들어보면, 본인은 일찍 자고 새벽 3시에 일어나 강의 준비나 원고를 쓴다는 거야. 대단하지? 그리고 부자들치고 늦잠 자는 사람은 한 사람도 없다고 예까지 들어줘. 이쯤 되면 할 말 없지 뭐. 그런데, 사람이 **I'm exhausted!** 피곤하고 지치는 경우는 대부분 잠이 부족해서 그런 거야. 뭐 좀 하겠다고 기상시간을 2시간만 당겨 봐라. 1주일도 못 가서 몸살이 나. 난 각자에게 가장 적합한 수면시간과 기상시간이 있다고 생각해. 피곤할 땐 잠깐 눈 붙이는것도 잊지마. 잠이 보약이야. ^^

아무리 피곤하고 지쳐도 준비된 표현은 챙겨야지? ㅋㅋ

- I'm beat. 뻗겠어.
- I'm dead tired. 너무 피곤해.
- I feel run-down. 나 몹시 지쳤어.

Useful Expressions

I'm dead tired. I think I'll take a nap. 나 너무 피곤해, 잠깐 눈 좀 붙여야지.

I was completely exhausted after the long trip. 장거리 여행에 난 기진맥진이었다.

If you're **feeling run-down,** you probably go to bed. 피곤하면, 가서 자.

A : You look pale. What's wrong with you? 안색이 안 좋네, 무슨 일 있어.
B : I got up early to do some work and now **I'm exhausted.**
  일 좀 하려고 일찍 일어났더니 이젠 지치네.

A : The baby woke up five times in the night. 아기가 밤에 다섯 번이나 깼어.
B : **You must be absolutely exhausted!** 너 너무 피곤하겠다.

I'm full.
배 불러

먹고 살기 힘들 때는 식사는 하셨는지 물어 보는 것이 아주 큰 인사였는데, 요즘은 조폭들이 많이 쓰는 것 같더군. '식사는 허셨습니까? 행님!' ㅋㅋ

뷔페 식당에 가도 예전처럼 죽기 살기로 먹는 사람들 별로 없어. 오히려 다이어트나 몸 만들기가 한창인 요즘, **I'm full.** '배 부르다'고 하면, 흥봐. 그래, 배고플 때 먹고 배부르기 전에 수저를 놓는 게 건강의 지름길이라 하더군. 다이어트라도 하려면 핑계 삼아 알아둬야 할 표현들이야. ^^

- I'm stuffed. 배가 꽉 찼어.
- I'm bursting. 배가 터질 것 같아.
- I feel stuffed. 이젠 배 불러.
- I ate too much. 너무 많이 먹었어.
- I've had enough. 충분히 먹었어.
- I can't eat anymore. 더는 못 먹어.
- I can't eat another bite. 한 입도 더 못먹겠어.

Useful Expressions

I'm full. I can't eat anymore. 배가 불러요, 더 이상은 못 먹겠어요.

That was great. **I can't eat another bite.** 정말 맛있었어요, 이젠 한 입도 더 못 먹겠어요.

The cheese cake looks great, but **I'm stuffed.** 치즈케이크가 맛있게는 보이지만 더는 못 먹겠어.

A : Would you like some more chocolate mousse? 초콜릿 무스 좀 더 드시겠어요?
B : No thanks. **I'm full.** 고맙지만 됐습니다, 배가 불러요.

A : Do have a second helping, there's heaps more.
한 차례 더 먹어봐요, 음식은 아주 많이 있으니까.
B : **I feel stuffed.** 배 불러요.

066

I'm just looking.
그냥 구경만 할게요

기분이 꿀꿀할 때 아이 쇼핑(window shopping)이라도 한 번 하면 얼마나 기분이 UP! 되는지 몰라. 뭐, 구경만으로 끝나지 않는다는 게 문제지만 말이야. ㅋㅋ

요즘은 해외여행도 많이들 하는 편이라 이런 표현 하나 알아두면 좋을 거 같아. **I'm just looking.** 혹은 **I'm just browsing.** 점원이 May I help you? 뭐 찾는 거 있냐고 물어볼 때, 고개만 절레절레 흔들지 말고 이렇게 간단히 말해 주면 돼.

볼거리가 있는 상황에서는 **I'll just watch.** 라고 해도 돼. 어릴 적 운동에 영 소질 없던 내가 자주 써먹던 말이야. 난 그냥 구경만 할게. ㅋㅋ

Useful Expressions

Let's go **window shopping.** (백화점) 구경 가자.

A : Want to play? 같이 (운동) 할래?
B : No. That's OK. **I'll just watch.** 아니, 됐어, 그냥 구경만 할게.

A : Can I help you? 뭐 찾으세요?
B : No thanks, **I'm just looking (around).** 아뇨, 그냥 구경만 하는 겁니다.

I'm sick and tired of it.
아주 지긋지긋해

월요일 아침 영업회의… '실적 가지고 달달 볶는 사장님 잔소리가 이제는 아주 지긋지긋해. 한 얘기 또 하고, 또 하고. 누구는 뭐 1주일 동안 놀고 먹었나!?' 사장님 얘기는 그게 아냐. '난 너희들 때문에 사업 못하겄다. 뭐가 좀 달라지는 맛이 있어야지. 맨날 시정하겠습니다. 추후 보고하겠습니다. 보고는 무슨. 이제는 매번 똑같은 핑계 듣기도 싫다. 다 나가~~!' ㅋㅋ

I'm sick and tired of it. 아주 지긋지긋하고 넌덜머리가 난다는 표현이야. 음식도 마찬가지야. 피자가게에서 오래 일했던 알바들은 피자냄새도 맡기가 싫대. 그나저나 영어도 아주 지겨워질 때까지 한번 해봐야 하지 않겠어? 물릴 때까지 말이야. ㅋㅋ

- I feel sick. 속이 안 좋아. (토할 거 같아.)
- You make me sick. 너 때문에 화나. (장난으로) 약 오르네.
- I'm sick to death of it! 지겨워 돌아가시겠어.

Useful Expressions

I'm sick and tired of the boss. 나는 사장한테 질렸어.

I'm sick and tired of this old car. 이 똥차 아주 지긋지긋해.

I'm sick and tired of your same old excuses. 그런 매번 똑같은 핑계는 듣기도 싫어.

A : Do you like pizza? 피자 좋아하니?
B : Well, **I'm sick and tired of it.** 사실, 피자라면 신물이 난다.

I'm so nervous.
너무 긴장돼

내일이 만약 재직중인 회사의 신제품 발표회가 있는 날이고, 그대가 바로 발표자라고 생각해 봐. 더욱이 그렇게 많은 사람들 앞에 서 본 적이 처음이라면??

I'm so nervous. '너무 긴장돼' 라는 말을 안 할 수가 없을 거야. 너무 긴장을 하면 목소리부터 바르르…, 그러다가 더 바르르… 생각만 해도 끔찍해. 사실 나도 초조해. 다음 주가 원고 마감이거든. ㅋㅋ

자, 긴장 풀고 긴장되는(?) 표현 몇 개 더 정리해 볼까? ^^

- I was a nervous wreck. 너무 초조했어. (신경쇠약 환자 수준이었어)
- I was on pins and needles. 난 초조해 가만히 있질 못했어.
- Everyone's nerves are on edge. 모두 다 신경이 곤두섰어.
- I have butterflies in my stomach. 마음이 조마조마해.

Useful Expressions

I'm always nervous before a flight. 비행기 타기 전에는 늘 긴장이 돼.

Auditions always **make me nervous.** 오디션은 항상 나를 초조하게 해.

I'm getting nervous. The deadline is next week. 걱정이에요, 다음 주가 마감인데.

A : Your presentation was excellent! PT(발표) 훌륭했어!
B : Thanks, but it was tough. **I was a nervous wreck.**
고마워, 하지만 쉽지 않았어. 너무 긴장했다니까.

A : Would you stop staring? You're **making me nervous.**
그만 좀 쳐다보세요. 불편하네요.
B : If I have offended you, I apologize. 기분이 상했다면 사과하죠.

I'm tied up.
너무 바빠

산업역군이라는 말만 들어도 가슴 뿌듯한 시절이 있었어. 어쩌다 출근길이 한산하면 일요일이나 국경일이었지. 그때는 너무 바빠 요즘 아빠들처럼 아이들과 자주 놀아주지도 못했는데… 문제는 어느 새 부쩍 커버린 자식들과 말이 안 통한다는 거야. 대화를 해봤어야지. -.-

I'm tied up. 요즘 같은 세상에 어디에 매여 바쁠 수 있다면 정말 행복한 일이야. 하지만 아무리 바빠도 다시 얻지 못할 소중한 추억을 포기해서는 안 돼. 자, 아무리 바빠도 오늘 이 표현들만은 익혀 보자고! ^^

- I have my hands full. 몹시 바빠.
- I'm very/pretty/too busy. 난 꽤나 바쁘다.
- My hands are full/tied. 너무 바빠 손을 놓지 못해.
- I'm overloaded with work. 일이 너무 많아.
- I'm up to my ears with work. 눈코 뜰 새도 없어.

Useful Expressions

I'm tied up, so I won't be with you.   바빠서 너랑 같이 있을 수가 없어.

I've been tied up in meetings all day. I'm really tired.
하루 종일 회의 때문에 바빴다. 너무 피곤하다.

I'm all tied up, so I don't even have time to catch my breath.
너무 바빠서 숨 돌릴 짬도 없다.

A : Can you help me with the copier?   그 복사기 좀 봐주실래요?
B : Sorry. **I'm tied up.** 미안, 내가 좀 바쁘네.

A : Could you help me with these files?   이 파일 처리하는 것 좀 도와주실래요?
B : I wish I could, but **I'm all tied up** right now.
그러고는 싶지만, 지금은 제가 너무 바빠서요.

070

It depends.
상황 봐서

누가 어려운 부탁 하나 할 테니 내용은 묻지 말고 먼저 약속부터 해달라고 하면 어떻게 할거야? 영화나 드라마에서처럼 '네 말이라면 무조건 들어준다'고 폼 나게 말할 수 있을까?? 현실은 달라. 아무리 친한 사이라 하더라도 쉽게 대답하기 어려운 상황이야. -.-

It depends. 상황을 봐야 알지, 지금은 잘 모른다는 표현이야. 어찌 보면 성의 없는 대답이라고 느낄 수 있는 표현이지. 하지만 지키지도 못할 일을 덜컥 약속부터 하는 것보다는, 차라리 이렇게 말하는 편이 낫다고 생각해. 이 표현, 누구 말처럼 소신이 있는 것도 아니고, 없는 것도 아니야. 애매하다. ㅋㅋ

Useful Expressions

It all depends. We haven't yet decided. 봐야 알아, 우리 아직 결정 못했어.

A : Can you make it to the concert? 연주회에 올 수 있어?
B : **It depends.** I might have to work. 봐서, 일을 해야 할 수도 있어.

A : Are you coming to my house later? 담에 우리집에 올래?
B : I don't know. **It depends.** 몰라, 상황 봐서.

A : Could I ask you a big favor? 어려운 부탁 하나 해도 될까요?
B : **That depends on** what it is. 어떤 부탁이냐에 따라 다르지.

It serves you right.
인과응보야, 당해도 싸

드라마에서 주위들은 말인데… 가장 먼저 떠오르는 사자성어 2개 중에 첫 번째가 그 사람 인생관이고, 그 다음이 애정관을 말해 준다더군. 이거 사주팔자 보는 것보다 더 재미있는 거 아냐? ㅋㅋ 난 제일 먼저 '인과응보(因果應報)'가 떠오르더군.

It serves you right! '네가 그렇게 되는 것이 맞다, 당연하다'는 의미의 표현이야. 영어공부할 때 안 하면 나중에 후회하는 것이고, 죄를 지었으면 벌을 받아야지. 의미는 전혀 다르지만, **if my memory serves me right** 이라는 표현도 있어. 직역을 하면 많이 어색할 것이고 '내 기억이 틀림없다면' 정도의 의미야. 함께 알아 두면 좋겠네. 아, 그리고 나의 두 번째 사자성어는 '사필귀정(事必歸正)'이야.

Useful Expressions

Serves him right for being so stubborn! 그렇게 고집부리더니 샘통이다!

He was graduated from Harvard, **if memory serves me right.**
그는 하버드를 나왔어. 내 기억이 맞다면 말이야.

A : I failed my TOEIC test. 토익 시험 망쳤어.
B : **Serves you right** for not studying! 공부를 안 했는데 당연하지.

A : Did you hear Mike got arrested for <u>DUI</u>*?
마이크가 음주운전으로 체포됐다는 얘기 들었니?
B : **It serves him right.** 그거 참 고소하네.

A : I was caught in the rain and got absolutely soaked. 비를 만나 완전히 젖었어.
B : **It serves you right.** 그래도 싸. (우산 가져 가라고 했지~)

---

*_**DUI** Driving Under the Influence, 음주운전

072

It slipped my mind.
깜박했다!

이영애씨가 나왔던 모 유명 건설사 CF에 이런 장면이 있어. 친정엄마와 간만에 외식을 하러 나와 있는데 어머니가 집에 가스불을 안 끄고 나오신 거야. 외식이고 뭐고 119에 신고부터 할 상황이지만, 여유 있게 핸드폰으로 가스를 잠근다는 얘기지. **It slipped my mind.** 어머니는 요리사가 요리하는 불을 보고 깜박 잊고 있던 게 생각이 나신 거야. ^^

워낙 챙겨야 할 일들이 많은 현대인들. 포스트잇에서 최신 PDA까지 열심히 챙겨보지만, 문제는 메모하는 습관에 집중하다 보니 메모를 미처 못한 건 정말 까맣게 잊어 버린다는 사실이야. 나도 깜박하기 전에 지금 생각나는 표현부터 정리해 볼게. ㅋㅋ

- I'm so absent-minded. 내가 좀 깜박깜박 하잖아.
- I completely forgot it. 완전히 잊고 있었어.
- I clean forgot about it. 까맣게 잊고 있었어.

Useful Expressions

Oh, **I completely forgot** your birthday. 아, 네 생일을 까맣게 잊고 있었어.

A : Did you e-mail me? 나한테 이메일 보냈니?
B : Oh, I'm sorry. **It slipped my mind.** 앗, 미안. 깜박했어.

A : I'm sure we agreed to meet here. 분명 우리가 여기 만나기로 했는데.
B : Maybe **it's just slipped her mind.** 아마 그녀가 그냥 깜박 했을 거야.

A : Did you call Annie? 애니한테 연락했니?
B : No, I meant to call her but **it completely slipped my mind.**
아니, 전화할 참이었는데 깜박했네.

073

It's a done deal.
이미 결정이 된 거야

서로 얘기 다 끝내놓고 나중에 다시 하자거나 바꾸자는 사람들이 있어. 정말 어이 없는 경우지. 초등학교 반장선거도 한 번 하면 그만인데, 나라끼리 합의 본 건 제대로 지켜야 되지 않겠어? 그리고 사람을 뽑아 놓고, 없던 걸로 하자는 건 뭐야. 동네 장기판도 아니고. ㅋㅋ

이미 결정된 일이라고 말할 때는, **It's a done deal.** 이라고 말하면 돼. 거래나 합의가 이미 이루어졌고, 그래서 바꿀 수 없다는 의미지. 그냥 간단히 **done**을 쓸 때도 있는데, 상대방 제안에 '좋아, 그렇게 하자'는 말이야. 한 입 갖고 두 말하지 않겠다는 소리지. 참고로 어떤 일이 다 끝났을 때는 **All done!** 이라고 말하면 돼. 두 말 하지 말고 삽시다! ^^

Useful Expressions

A : Are you done? 끝났어?
B : **I'm all done.** 난 다 끝났어.

A : I'll give you $50 for this iPod. 아이팟 값으로 50달러 줄게.
B : **Done!** 좋아!

A : We're still talking about who to hire for the job.
그 자리에 누구를 뽑을 지 아직 논의 중입니다.
B : Really? I thought **it was a done deal!**
정말이에요? 이미 얘기가 다 된 줄 알았는데요.

074

It's about time!
그럴 만한 때도 됐어!

명문대 나와서 고시 공부하는 거 하나 믿고 결혼한 남편이래. 떨어질 만큼 떨어졌고 이제는 시대도 변했으니 미련을 버릴 때도 되었다는 거지. 무엇보다 애들이 커가고 있는데 누가 누구를 뒷바라지 해야 하는 상황인지 모르겠다는 거야. ㅠㅠ

It's about time! '오히려 늦은 감이 있다, 이미 오랜 시간을 기다렸다. 이제는 그럴 만한 때가 됐다'는 의미의 표현이야. 이 한마디 듣고 어디 아침마다 출근은 한다는데… 그럼, 이제는 회사랑 정식으로 계약도 하고 월급도 좀 받아올 때가 됐지 않았어? ㅋㅋ

Useful Expressions

It's about time you got a job! 이제는 직장을 잡을 때가 되지 않았어!

Isn't it about time you signed the contracts?
당신 이제 계약서에 사인할 때가 되지 않았나요?

They finally paid me my money. **It's about time!**
결국 돈을 받았어. 이젠 줄 때도 됐거든!

It's about time you wised up to the fact that times have changed.
시대가 변했다는 사실을 이제는 너도 알아야 해.

A : He's finally got a job. 그 친구 결국 직장 잡았어.
B : **About time too.** 그럴 때도 됐지.

075

It's been a long day.
힘든 하루였어

새벽같이 일어나 공원에서 조깅하고, 부리나케 돌아와 씻고 밥 먹고 출근! 어제나 오늘이나 막히는 건 마찬가지군. 아침부터 열이 팍팍 올랐는데, FM DJ의 기분 좋은 말 한마디에 겨우 진정이 좀 됐어. 사무실에 들어서자 마자, 이거 뭐 아침부터 영업회의가 장난이 아니네. 우리 인간적으로 인신공격은 하지 맙시다! 오전에 급한 일부터 처리하고, 바로 외근. 하루 종일 정말 발바닥에 땀나도록 뛰어 다녔니. 회식 겸 늦은 저녁까지 하고 집에 돌아오니까… 자정이 다 됐네. **It's been a long day!** 정말 길고도 힘든 하루였어. ㅠㅠ

힘들겠지만, 그러기에 이 표현들이야말로 느낌이 팍팍 올 거야. ^^

- What a (busy) day! 힘든 하루였다!
- This has been a rough day. 지독한 하루였어.
- It's been a busy/rough day. 바쁜/고된 하루였어.
- I've been pushed all day long. 나는 하루 종일 바빴다.
- I've had such a hard/heavy day. 아주 힘든 하루였어.
- I've been rushed off my feet all day long. 하루 종일 발에 땀나도록 뛰어 다녔어.

Useful Expressions

A : You look so tired. 꽤 피곤해 보인다.
B : Yes, **it's been a long day.** I'm starving! 응, 힘든 하루였어. 배도 고파!

A : **It's been a long day.** 힘든 하루였어.
B : You look tired. You need a good rest. 너 피곤해 보여. 푹 좀 쉬어야 할 것 같아.

A : Rough day, huh? 오늘 힘들었지?
B : Yeah, **I've been rushed off my feet all day long.**
응, 하루 종일 발에 땀나도록 뛰어 다녔어.

076

It's delicious!
맛있어!

결혼한지 얼마 안 된 새댁이 아침마다 김밥을 만다고 하는데… 사연이 궁금하네. 알고 보니 남편을 위해 뭔가 맛있는 걸 해주고 싶은데. 그나마 할 줄 아는 게 김밥이었던 거야. 쉽게 사 먹을 수 있는 것이지만 김밥 마는 게 어디 보통 정성이야? ㅋㅋ

It's delicious! 혹 뭔가 부족하다 싶어도 맛있다고, 죽인다고 해줘야 돼. 매일 아침 김밥만 먹는 한이 있어도 말이야. 함께 알아두면 좋은 맛난(?) 표현들이야. ^^

- It tastes great! 맛이 기가 막히네.
- That was a wonderful meal. 훌륭한 식사였습니다.
- My compliments to the chef. (격식 있게) 음식이 훌륭합니다.
- This was the best meal I've ever been. 최고의 음식이었습니다.

Useful Expressions

It smells **delicious!** 냄새 죽인다!

What a delicious meal! 기가 막힌 음식이야!

I'm so hungry. Oh, **it's delicious!** 너무 시장해. 와, 정말 맛있네!

This soup's **delicious.** You ought to try some. 이 수프 맛있네요, 맛 좀 보세요.

Please can I have the recipe for this. **It's delicious.**
이거 요리법 좀 가르쳐 주세요. 맛있어요.

A : Did you enjoy the meal? 식사 잘 했어요?
B : Yes. **It was absolutely delicious.** 네, 정말 맛있었어요.

It's driving me crazy.
미쳐 버리겠어

전문직이 점점 늘고 있는 요즘, 정말 돈 많이 버는 사람들이 많이 있더군. '억' 소리가 날 정도로 말이야. 하지만, 정작 본인들 생각은 달라. 그만큼 일에 대한 부담 때문에, **It's driving me crazy.** 하루 하루가 미칠 지경이라는 거지. 차라리 월급이 적더라도 업무 스트레스가 적은 곳으로 가고 싶다는 거야. -.-

그 정도면 행복한 고민이 아닐지. 진짜 미치는 건, 샤워하다가 단수가 된다든가 온수가 안 나온다든가 하는 상황이야. 비누칠까지 다 했는데 말이야. ㅋㅋ 개그프로 삽입곡 중에 '너 땜에 내가 미쳐!' 라는 노래가 있던데. 딱 들어맞는 표현들이야. 함께 챙겨 둬. ^^

- You're making me crazy. 너 때문에 돌겠어.
- You're really annoying me. 너 때문에 아주 짜증이야.
- You're driving me crazy./nuts./up the wall. 너 땜에 내가 미쳐.

Useful Expressions

That noise is **driving me nuts.** 저 소음 때문에 내가 아주 돌겠어.

Shut up! **You're making me crazy.** 닥쳐! 너 때문에 돌아 버리겠어.

Stop that, will you? **You're driving me crazy.**
그것 좀 그만해, 응? 너 때문에 아주 돌아가시겠어.

A : Please stop whistling. **You're driving me up the wall!**
휘파람 제발 좀 그만 불어. 너 땜에 내가 미쳐.
B : Sorry, I didn't know that. 미안, 난 몰랐어.

078

It's getting on my nerves.
신경 쓰여

나야말로 도서관 체질이 아냐. 도서관이 조용한 거 같아도 사실 전혀 그렇지 않아. 도서관 문이 열리고 닫힐 때마다 열람실 밖 복도에서 들리는 웃음소리, 생각 없이 넘기는 책장 소리, 자기 딴에는 속삭인다고 생각하는 대화소리, 하이힐 똑각거리는 소리, 주기적으로 반복되는 헛기침 소리, 그리고 이어폰에 새어 나오는 소리까지… ㅠㅠ

It's getting on my nerves! 내가 예민한 것은 인정하지만 신경 쓰이는 건 쓰이는 거야. 새장 밑에서 공부를 해도 이 보다 더 시끄럽지는 않을 거야. 에휴… 어디 조용한 데 없나?? ^^

- What a nerve! 이런 건방진!
- Of all the nerve! 경우가 없네!
- Don't get on my nerves. 내 성질 건드리지 마.
- You're getting on my nerves! 신경 거슬리게 만들지.

Useful Expressions

Her complaining is **getting on my nerves.** 그녀의 바가지에 성질이 난다.

Did you hear what he said? **What a nerve!** 그 인간 말하는 거 들었어? 이런 건방진!

You want me to do your laundry? **Of all the nerve!**
나한테 당신 빨래까지 해달라는 거야? 경우가 없네!

A : What's wrong? 왜 그래?
B : It's just **nerves.** My interview is tomorrow.
그냥 좀 신경과민이야. 면접이 내일이잖아.

It's nothing.
별 거 아냐

공과 사를 우리보다 더 분명히 하는 서양에서는 이런 일도 있을 수 있어. 변호사 사무실을 운영 중인 친한 친구한테 법률 자문 좀 몇 마디 받았는데, 얼마 후에 청구서가 날아왔다는 거야. 하도 어이가 없어 또 다른 변호사 친구한테 어찌 하면 좋으냐고 물어 봤더니 그 비용도 며칠 있다가 청구가 되었다더군. ^^ 물론 농담이지만, **I'll be sending my bill.** 비용 청구하겠다고 진짜 말하기도 해. ㅋㅋ

It's nothing! 고맙다는 말에, '됐어, 별 거 아니야' 라고 말할 때 쓰는 표현이야. 비슷한 의미로 **No sweat.** 이라는 표현도 있어. '땀 한 방울 낼 일도 아니다, 문제 없다' 는 의미지. 앞으로는 누가 내게 별 일도 아닌 일로 고맙다고 하면, 이렇게 두 마디로 끝내셔. ^^

Useful Expressions

A : What did you say? 뭐라 그랬어?
B : **It's nothing.** 아냐 아무것도.

A : Thank you for you help. 도와 줘서 고마워.
B : **It's nothing.** 별 것도 아닌 걸.

A : Thanks a lot. 정말 고마워.
B : **No sweat!** Anything else? 이 정도야 껌이지! 뭐 더 할 거 없어?

080

It's now or never.
지금이 절호의 기회야

엘비스 프레슬리의 노래로 더 유명한 표현이야. 이 노래는 모 명품 자동차 광고에 삽입되기도 했는데, 지금 못사면 영원히 못산다는 의미로 들리더군. ㅋㅋ

세상만사가 다 때가 있는 거 같아. 바보처럼 말 한 번 못 걸어보고 사랑하는 사람을 놓치는 경우도 있고, 좋은 스카우트 제의를 놓쳐 나중에 몸값(?)이 더 떨어지는 사례도 많아. 문제는 그때가 바로 그때인지 당시에는 잘 모른다는 거지. 그래서 다들 그렇게 재미 삼아 운세를 많이 보는 것 같아. 믿거나 말거나 말이야. '모든 지금(now)'이 '바로 지금(right now)'은 아니지만, 분명한 건 누구에게나 일생에 다시 없을 기회는 다 있다는 거야. 놓치지 마. **It's now or never!**

함께 알아둘 만한 표현이야. 이것도 놓치지 마. ㅋㅋ

- Here's your chance. 지금이 찬스야.
- Opportunity is knocking. 지금이 기회야.
- Now is the time/moment to act. 지금이 움직일 때다.
- Opportunity seldom knocks twice. 기회는 다시 오지 않아.
- It's the chance of a lifetime. 일생의 다시 없는 최고의 기회다.
- Don't let the chance slip by. Do it now! 찬스를 놓치지 말라, 당장 시작해!

Useful Expressions

It's now or never. Do it now! 지금이 기회야, 움직여!

If you want to ask her to marry you, **it's now or never.**
그녀와 결혼하려면, 지금이 마지막 기회야.

A : This job offer is great opportunity, don't you think?
이 스카우트 제의 정말 좋은 기회라고 생각하지 않니?
B : **It's now or never!** 지금이 적기야.

081

It's on me.
내가 낼게

승진, 이사, 득남, 득녀… 살다 보면 여기저기 이런저런 경사도 많아. 이렇게 좋은 일이 있으면 그냥 넘어갈 수 없지. 아무렴. 한 턱 내야지! ^^

요즘은 어디를 가도, **Let's go Dutch.** 각자 내는 게 더 편하고 익숙하긴 하지만, 쏠 때 쏘지 못하는 소심함도 못 말리는 병이야. 그저 마음도 넉넉하고 주머니 사정도 넉넉해서 여기저기서 **It's on me!** 서로 낸다는 얘기를 듣게 되면 좋겠어. 좋은 표현들, 오늘은 원 없이 내가 쏜다! ㅋㅋ

- I got you. 내가 낸다.
- It's my treat. 내가 쏘는 거야.
- I'll get/cover it. 내가 낼게.
- It's on the house. (주인이) 서비스입니다.
- It's my turn today. 오늘은 내가 낼 차례야.
- I'll pick up the tab. 계산은 내가 할거야.
- Let me pay. 내가 쏠게.
- Let me get it. 내가 한턱 낼게.
- I'll pay this time. 이번에 내가 낸다.
- Let me treat you. 제가 사는 겁니다.
- Let's both pay half. 반반씩 냅시다.

Useful Expressions

A : **It's on me.** 내가 살게.
B : Thank you. 고마워.

A : I'll pay this time. 이번에는 내가 낼게.
B : No. **Let's go Dutch!** 아냐, 각자 내자고.

A : Who's going to pay for this? 이거 누가 계산하는 거야?
B : **It's on me.** 내가 내지.

082

It's on the tip of my tongue.
입에서만 뱅뱅 돌아

면접만 보면 열심히 연습했던 말도 갑자기 머리 속이 텅 비는 것 같고 엉뚱한 대답만 하고 나와. 정작 할 말은 혀끝에서 뱅뱅 도는데. ㅠㅠ

It's on the tip of my tongue. 할 말이 혀끝에 있다는 말이니까, 뭔가 생각이 날 듯 하면서도 정확히 기억이 안 난다는 말이야. 혹 영화 보다가 스크린이 나간 적 있어? 이렇게 화면이 꺼져 깜깜해지는 걸 **go blank** 라고 해. 만약 머리 속이 blank 라면 아무 생각도 안 날 거야. 경품 추첨할 때 꽝(blank)을 뽑는 것이 내 특기인데… '꽝을 뽑다, 생각을 해보려 했지만 결국 아무것도 생각해 내지 못했다' 는 의미로 **draw a blank** 라는 표현도 있어. 영어가 입에서만 뱅뱅 돌 때 이런 표현들로 위기를 극복하면 좋겠네. 뭐? 이 표현들도 생각이 안 나면 어쩌냐고? ㅋㅋ

- I got tongue-tied. 말문이 막혔다.
- I'm drawing a blank. 아무 생각이 나지 않아.
- My mind went blank. 내 머리가 텅 비는 것 같았다.
- My mind is a (complete) blank. 전혀 생각이 안 나, 멍해.

Useful Expressions

Suddenly **my mind went blank.** 갑자기 머리 속이 텅 비는 것 같았다.

I got tongue-tied as I stood up to speak. 말을 하려고 일어서자 (긴장해서) 말문이 막혔다.

My mind was a complete blank - I could only **draw a blank.**
내 머리가 완전히 텅 빈 것 같고, 도무지 생각이 나지 않았다.

A : What is Steve's phone number? 스티브 전화번호가 어떻게 되지?
B : Ah, **it's on the tip of my tongue.** Oh no! I just can't think of it.
어, 생각이 날 듯 말 듯한데, 오, 이런! 생각이 안 나.

It's up to you.
너한테 달렸어

자녀의 적성을 살리기 위해 부모의 욕심을 버리기란 정말 쉽지 않아. 적성에도 맞지 않는 의대나 법대를 진학해서 맘 고생하고 중도 하차까지 하는 청년들이 의외로 많이 있어. 부모의 할 도리는 다 했으니, 네가 평생하고 싶은 공부를 하라고 밀어 주시는 분들이 늘고 있다니 반가운 일이야. **It's up to you!** '너한테 달렸어, 네가 결정해' 라는 의미야. 상대방의 결정을 기다리는 말이지만, 재촉의 의미보다는 선택의 폭을 넓혀 주는 표현이라고 보면 되겠어. 주제는 무겁게 꺼냈지만, 아주 가볍게 쓸 수 있는 표현이야. ^^

- You decide. 네가 결정해
- It is across to you. 그것은 너의 책임이다.
- That's your problem. 네가 알아서 할일이야, 네 문제야.
- It's all/entirely up to you. 모든 것은/전적으로 너한테 달렸어.
- The choice/decision is (all) up to you. 선택은/결정은 네가 하는 거야.

영어 공부 역시, 하든 말든 전적으로 그대가 결정하는 거야. ㅋㅋ

Useful Expressions

I did my part, now **it's up to you.** 내 몫은 했으니, 이제는 네 할 탓이다.

It's up to you whether we go to the cinema. 영화를 보러 갈지 말지는 너한테 달렸다.

A : Where shall we eat? 우리 어디서 먹을까?
B : **It's up to you.** 네가 먹고 싶은 데서.

A : Do you think I should dress for diner? 저녁식사 모임에 정장을 입어야 하나?
B : **It's up to you.** 편할 대로 해.

084

It's your turn.
네 차례야

여럿이 노래방을 가더라도 자연스럽게 순번이 생겨. 처음 부른 그 순서 그대로 가면 아무 문제가 없는데... 중간에 메들리 곡을 선택하거나 '우선 예약' 버튼을 누르고 새치기를 하는 인간이 꼭 있어. 독무대도 좋지만 다른 사람 선곡도 미리미리 챙겨주고, 순서도 챙겨주면 좋잖아? ^^

It's your turn. 네 차례라는 표현이야. 돌아가면서 하기로 한 궂은 일에서부터 순번이 필요한 스포츠 경기에서도 쓸 수 있어.
참고로 식당에서 계산할 때, **It's my turn to treat.** 이라고 하면 '이번에는 내가 한턱 낼 차례' 라는 의미가 돼. ^^

Useful Expressions

It's your turn to set the table. 네가 밥상 차릴 차례야.

A : Whose serve is it? 누가 서브할 차례지?
B : **It's your turn.** 네 차례야.

A : **It's your turn** to wash the dishes. 네가 설거지 할 차례야.
B : All right! Leave the dishes. I'll wash them up later.
    알았어, 그대로 둬, 나중에 내가 할게.

A : **It's your turn** to sing now, so go up on the stage.
    이제 네가 노래 부를 차례야, 나가서 불러.
B : Come on, I just want to sing from here. 왜 이래, 나 그냥 여기서 부를래.

085

Join the club.
나도 마찬가지야, 동지 만났네

신년 초에는 한 해 계획들을 나름대로 거창하게들 세워. 영어학원과 헬스클럽에는 연간회원 등록자들로 만원이고, 담배가게에는 한 동안 손님이 없다잖아. 그런데 이거 한두 달 가기도 쉽지 않아. 헬스클럽은 초기에 딱 세 번 가본 게 고작이고. 업무 때문에 열 한 번 받으면 '담배 하나 줘 봐' 이 말부터 바로 나온다니까. 문제는 이때 좀 참으라고 말리는 동료가 거의 없다는 거야. 자기도 며칠 전부터 다시 피운 상태거든. ㅋㅋ

Join the club! 얼마나 반가워? 동지를 만나서. 이렇게 처지나 형편이 비슷할 때 스스럼 없이 던질 수 있는 표현이야. 동지가 있다는 건 좋은 일이지만, 담배는 함께 다시 끊는 게 어떨까? **It's never too late to stop smoking.** 금연에는 늦는 법이 없거든. ^^

Useful Expressions

Did you get fired too? **Join the club!** 너도 짤렸냐? 동지 만났군.

You got a speeding ticket? **Join the club!** 속도위반 딱지 받았다고? 나도 받았거든!

A : I've quit my job. 나 직장 그만두었다.
B : **Welcome to the club!** 너나 나나.

A : I can't stop smoking. 담배를 못 끊겠어.
B : **Welcome to the club!** 피차 일반이군!

A : We can't afford to buy a new car this year. 올해 새 차 뽑을 형편은 안돼.
B : **Join the club!** 누구는 형편 되나!

086

Just think!
한번 상상해 봐!

로또복권 초창기 슬로건 기억나? '인생역전' 이었잖아. CF도 정말 드라마틱 했었는데 말이야. 누구나 한 방이면 부자가 될 수 있다는 거지. 당첨이 되면 뭘 할까 생각만 해봐도 머리가 빙빙 돌고 가슴이 벌렁거리고 그랬는데 말이야. ㅋㅋ

홈쇼핑에서는 벌써부터 여름 바캉스 패키지 판매도 한창이야. 말 잘하기로 둘째 가라면 서러울 쇼호스트들의 멘트를 듣고 있노라면, 마치 내가 저 넓은 태평양 어느 해변에 누워 있는 착각이 들 정도야.

Just think! '한번 상상해 봐!' 뭔가 흥분된 느낌을 실어 쓸 수 있는 표현이야. 동사 think 대신 imagine 을 써도 좋아. 상상은 자유야. 그리고 공짜야. ㅋㅋ

Useful Expressions

A : **Just think!** You could be rich one day!
한번 상상해 봐! 하룻밤이면 넌 부자가 될 수 있어.

B : What a ridiculous idea! 정말 터무니 없는 생각이야!

A : **Imagine** you're lying on a beach somewhere. 네가 어느 해변에 누워있다고 상상해 봐.

B : **Just think** of the expense! 들어갈 비용도 생각해 봐.

A : **Just imagine** what we could do with ten million dollars.
우리가 천만 달러를 갖고 뭘 할지 한번 상상해 봐.

B : It sets my head reeling. 생각만 해도 머리가 빙빙 돌겠어.

04

웃기는 英선생
영어회화 핵심 기본 표현

087 Leave me alone.
나 좀 내버려 둬

︙

112 Sure.
물론, 당근

087

Leave me alone.
나 좀 내버려 둬

짜증나고 우울할 때 어떻게 해? 친구들과 어울려 술 한잔 하면서 유흥(?)으로 푸는 경우도 있겠지만, 혼자 있고 싶을 때도 많아. 나만이 갖고 있는 이 속 깊은 고민을 누가 정말 이해할 수 있겠어. ㅠㅠ

이럴 때 어설프게 내미는 도움(?)의 손길은 본전은커녕 면박을 받기 십상이야. **Leave me alone.** 상대방이 혼자 있고 싶다면, 더 이상 말이 필요 없을 만큼 심각한 거야. 잠시 내버려 둬야 돼. 괜히 밖에서 문 두드려 봐야 상황만 더 악화될 뿐이야. 감수성이 예민한 10대들이 방문 두드리는 소리를 그렇게 싫어한다잖아. ㅋㅋ

Useful Expressions

Leave me alone, can't you? 혼자 있게 좀 해줄래?

Please don't **leave me alone.** 절 혼자 내버려 두지 말아요.

I told you to **leave me alone.** 그냥 내버려 달라고 얘기했지!

A : What's wrong with you? 뭔 일 있니?
B : Just stop asking questions **and leave me alone.** 말시키지 말고 나 좀 내버려 둬

088

Let me know.
알려줘

한가지 짚고 넘어 갈 게 있어. 어찌 보면 굳이 얘기할 필요도 없는 기본 에티켓인데…

예를 들면 이런 거야. 직장이나 알바 자리를 찾다가 면접을 보게 됐어. 그런데 더 좋은 자리가 났다든가, 생각이 바뀔 수 있다는 거지. 그럼 이러이러해서 못 가게 됐다고, 함께 하지 못해 아쉽다고, 아니 정 미안하면 집안에 무슨 일이 생겼노라고, 둘러대서라도 알려줘야 하는 거 아냐? **Let me know.** 알려만 달라는 거지. 문자로라도 말이야.

이 책 기획 담당자도 알려달라는 게 많네. 원고는 잘 쓰고 있느냐, 안 되는 건 무슨 일이냐, 언제까지 줄 수 있느냐, 모른다면 언제까지 답을 줄 수 있느냐 등등. 알려달라는 거 투성이야. ㅋㅋ

Useful Expressions

When can you **let me know** by? 언제까지 알려줄 수 있지?

Let me know when you fix the time and place. 시간과 장소가 정해지면 알려주세요.

If you should change your mind, just **let me know**. 만일 마음이 바뀌면, 내게 알려만 줘.

A : **Let me know** what's going on. 뭐가 어떻게 돌아가는지 좀 가르쳐 줘.
B : I heard there might be some layoffs this spring.
   올봄에 약간의 정리해고가 있을지도 모른다고 들었어.

089

Let's call it a day!
오늘은 여기까지!

월급도 그리 많이 주는 편도 아니면서 일만 많다고? 글쎄… 일도 별로 없이 빈둥빈둥 시간이나 때우는 그런 직장에서 근무하고 싶다는 건가?? 일이 많다는 것도 요즘같은 시절에는 감사할 일이야. 월급 많이 주는 은행원이 부럽겠지만, 4시 30분에 은행 셔터가 내려가도 퇴근하는 직원은 한 사람도 없어. 몇 시까지 일하는 게 중요한 것이 아니라, 몸은 좀 고달파도 보람찬 하루 일을 마무리하고 기분 좋게 퇴근할 수 있다면 그곳이 바로 최고의 직장이 아닐까 싶어. ^^

Let's call it a day! 직장이나 학교에서 하루를 마무리하는 표현이야. 늦은 저녁시간이라면 day 대신 night 을 쓸 수도 있겠지. 또 활동을 접는다는 의미로도 쓸 수 있는데, 이를 테면 프로선수들의 은퇴 같은 거 말이야. 자, 그럼 오늘은 여기까지! ㅋㅋ

- Let's call it quits. 오늘은 여기까지!
- Let's finish working. 오늘 일은 그만하자.
- Let's stop for the day. 오늘은 그만 하자.

Useful Expressions

I'm tired. **Let's call it a day.** 피곤해, 오늘은 그만 하자.

I want the manager's job when he **calls it a day.**
매니저가 그만 두면 내가 그 일을 하고 싶어.

We can start working again tomorrow, so **let's call it a night.**
내일 계속하기로 하고, 오늘은 이만 하지.

A : Rough day, huh? 힘들었지?
B : Yeah, it's been a long day. **Let's call it a day.**
응, 고된 하루였어, 오늘은 여기까지 하자.

090

Let's face it!
현실을 직시해!

공무원 시험 준비하는 것이 실력이 없거나, 취업에 자신이 없는 것으로 비쳐졌던 시절도 있었어. 많은 기업들이 학교로 채용 의뢰를 해 왔고, 교수님의 추천서 한 장은 합격통지서와도 같았으니까. 하지만, **Let's face it!** 요즘은 달라. 어림도 없는 소리야. 공무원만큼 선호하는 직업도 없어. 7급은커녕, 이제는 말단 9급도 황송할 따름인 걸. ^^

Stop burying your head in the sand. 라는 재미있는 표현도 있어. 모래 속에 머리를 묻지 마라? 머리 나쁜 타조가 자기 머리를 모래 속에 곧잘 처박나 봐. 그렇다고 그 큰 덩치가 가려지는 것도 아닌데 말이야. 결국 우리 말로는 '현실을 외면하지 마' 정도 되는 거야. ^^

- Face reality. 현실을 받아들여.
- Accept the truth. 사실을 받아들여.
- Stick to the facts. 현실을 직시해.
- It's already a fact of life. 이건 어쩔 수 없는 현실이야.
- Face the facts. 사실을 직시해.
- Let's be realistic. 현실적으로 생각합시다.
- Deal with the facts. 사실로 받아들여.

Useful Expressions

Let's face it! Don't romanticize! 현실을 직시해! 낭만적으로 보지 말고!

Let's face it! Nobody wants to hire someone my age.
솔직히 말해서, 누가 나 같이 나이 먹은 사람을 쓰겠어.

Let's face it! We just can't afford to pay that much money.
현실을 똑바로 보라고! 우리는 그 많은 돈을 감당할 수 없어.

A : Do you think we have to pay him more to keep him?
우리가 그를 잡기 위해 급여를 더 줘야 하나?

B : **Let's face it!** Good salesmen are few and far between.
까놓고 말해서 괜찮은 영업사원은 귀합니다.

091

Let's get going!
갑시다!

가족끼리 어쩌다 한 번 외출이라도 하는 날이면, 늘 먼저 밖에서 기다리는 사람이 있어. 얼핏 보면 동작이 빠르거나, 부지런하다고 생각할 지 모르지만 절대 아니거든. 오로지 자기 몸만 챙겨서 나오는 사람이야. 짐이며 아이들을 챙기느라 엄마는 정신이 없는데, 아빠는 자동차 키만 달랑 들고, **Let's get going!** 가자고 소리만 치고 있어. 다음이야 말로 서둘러 챙겨 볼 표현들이야. ^^

- Hurry up! 서둘러.
- Shake a leg! 서둘레 (다리를 움직여!)
- Let's get a move on! 서두르자!
- We need to go now. 우리 지금 가야 해.
- We don't have all day. 우리는 그렇게 시간이 많지 않아.
- Let's hit the road. 빨리 출발하자. (길을 쳐??)
- We're running out of time. 시간이 거의 없어.
- Time's up. 시간이 다 됐어요.
- It's time to go. 가야 할 시간이야.
- There's no time left. 시간이 없어.

사람이 급하면 이 정도로 재촉하는 것도 부족할 수 있지. **Come on!** 을 함께 쓰면 아마 더 빨리 움직여 줄지도 몰라. **Come on! Let's get going!** ^^

Useful Expressions

Hurry up! We're going to be late! 서둘러! 늦겠어!

Let's get a move on or we'll be late. 서두르자! 늦겠어!

Come on, let's get going! We're running out of time.
빨리 가자고! 시간이 거의 없어.

A : **Time's up. Let's get going!** 시간이 다 됐어. 어서 가자!
B : Don't worry. I'll finish soon. 걱정 마. 곧 끝나.

Let's keep in touch.
연락하고 지냅시다

병원에 입원해 본 적이 있다면 더 많이 공감하겠지만, 같은 병실 환자들과 얼마나 친해지는 지 몰라. 옆 침대에서 치료를 받아도 내가 받는 거 같고, 검사를 하러 가도 내가 가슴이 철렁하고 그렇거든. 말 그대로 동병상련 아니겠어. 퇴원할 때면 언제 꼭 한 번 건강할 때 보자고 눈물까지 글썽이며 그렇게 손을 잡아 가며 약속도 하고 그랬는데. 이거 원, 사람 맘이 이렇게 간사해도 되는 건지. 갑자기 창피해서 얼굴이 다 뜨겁네. ㅠㅠ

Let's keep in touch! 서로 연락하고 지내자는 의미야. 정말 연락 잘 하는 사람은 따로 있어. 그런 친구들이 연락도 자주 받아. 바쁘다고 내가 먼저 연락 안 하면, 정말 몇 년이고 소식도 모르며 지내는 거야. 그런 의미에서 이런 표현들부터 챙겨보면 어떨까? ^^

- Call me (anytime). (언제든지) 전화해.
- Give me a call. 전화해.
- Drop me a line. 소식 주라.
- Keep me posted/informed. 계속 소식 좀 전해줘.
- Keep in touch. 계속 연락하자.
- I'll be in touch. 연락할게.
- Don't be a stranger. 자주 연락해야 돼.

Useful Expressions

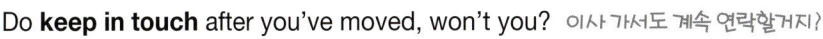

Do **keep in touch** after you've moved, won't you? 이사 가서도 계속 연락할거지?

I'll **be in touch** again towards the end of the month. 말일 경에 다시 연락할게.

A : Well, goodbye. **Drop me a line.** 그럼, 안녕, 소식 전해.
B : All right! **Let's keep in touch.** 알았어, 연락하고 지내자.

A : I think I should be going. 가봐야겠어.
B : **Call me** when you get home. 들어가서 전화 줘.
A : Yeah. **I'll be in touch.** 응, 연락할게.

093

Let's see.
어디 보자, 가만 있자

언젠가 돌아가신 할머니의 전화번호부를 본 적이 있어. 분명 전화번호부는 가나다순으로 적게 되어 있는데, 할머니는 그냥 순서대로 적어 놓으셨어. 뭐 하나 찾으시는데 오래 걸릴 수 밖에 없었지. 일단 돋보기를 챙기셔야 하고, 앞장부터 손가락을 짚어 가시면서 한 장씩 넘기셨거든. 물론 못 찾으시면 처음부터 한 번 더 보셔야 하는 거야. ^^

Let's see. '어디 보자, 가만 있자…' 줄곧 이 말씀을 중얼거리셨는데, 이제 그 모습이 그리워지는 것 같아. ㅠㅠ 뭘 찾는 동안 뜸을 들일 때나 갑자기 뭔 생각이 안 날 때 많이 쓰이는 표현이야. ^^

Useful Expressions

Let's see what is wrong. 뭐가 잘못인지 어디 보자.

Let's see. Yes, here it is. 가만 있자, 네, 여기 찾았어요.

Let's see. Was it 'Pretty Woman'? 가만 있자, 그게 (영화) '귀여운 여인' 이었던가?

A : I got a new dress. 나 옷 한 벌 샀어.
B : Oh, Really? **Let's see,** strong colors suit you.
어 정말? 어디 한번 봐, 강한 색상이 너한테 잘 어울려.

A : Do you think you could find it on a map? 지도에서 거길 찾을 수 있겠어요?
B : No problem. **Let me see** your map? 문제없어요, 어디 지도 좀 볼까요?

094

Look who's talking!
너나 잘해! 사돈 남 말하네!

거실 소파에 누워 TV 시청하는 것처럼 편한 건 없지만, 어느 날 그 모습 그대로 똑같이 누워 있는 아이들을 보면 '내 탓이요!' 소리가 절로 나와. 이래서 아이들 있는 집에는 TV를 아예 치워 놓는가 봐. 나부터도 실천 못하는 걸 누구에게 하라 말라 하겠냐고… -.-

우리 옛말에 '똥 묻은 개가 겨 묻은 개 나무란다' 는 말이 있는데 영어에도 비슷한 표현이 있어. **The pot calls the kettle black.** '항아리 솥 보고 검다 한다' 는 말이야.

누가 똥개인지 모르겠지만, 내 딴에는 친구 생각한다고 충고 한 마디 한 건데, 아무리 그래도 **Look who's talking!** '너나 잘해!' 로 응수하면 그건 좀 섭하지. ㄲㄲ

Useful Expressions

I'm lazy? **Look who's talking!** 내가 게으르다고? 너나 잘해!

Me a tax cheat? **Look who's talking!** 날보고 탈세자라고? 사돈 남 말하시네!

A : He flunked out of school. 그 녀석 학교에서 짤렸어.
B : **Look who's talking!** 누구랑 같네.

A : He drinks too much, that's his problem. 그 사람 술을 너무 마셔. 그게 문제야.
B : **Look who's talking!** 너나 잘하셔!

095

Mind your own business!
너나 잘하세요!

길가에서 강도나 폭행 상황을 목격했을 때 격투를 벌이면서까지 현행범을 잡는 분들이 종종 화제가 되곤 해. 보고도 못 본 척 하는 게 대부분이거든. 또 얼핏 봐서 집안 문제인 듯 하면 정말 도움을 드리기가 쉽지 않아. ㅠㅠ

Mind your own business! 십중팔구 '너나 잘하세요!' 라는 말 듣기 십상이거든. 사실 부부문제나 재정문제 등과 같이 개인적인 문제들은 당사자만큼 잘 아는 사람도 없어. 특히나 문화가 서로 다른 외국인에게 보이는 지나친 호기심은 금물이야. 너나 잘하라는 말 들어 봐. 괜히 본전도 못 건지는 거야. 그러고 보니 이 표현, 영화 〈친절한 금자씨〉의 명대사잖아. ㅋㅋ

- M.Y.O.B. ㄴ,ㄴ,ㅈ,ㅎ, ('너나 잘해'의 준말)
- It's/That's none of your business. 당신과 관계 없는 일이야.

Useful Expressions

Leave me alone. **Mind your own business.** 혼자 있고 싶어, 네 일이나 신경 써.

Don't be so nosey, **it's none of your business.** 상관 마셔, 너나 잘해.

Curiosity killed the cat. **That's none of your business.**
지나친 호기심은 금물이야, 상관 마셔.

A : What are you reading? 뭐 읽니?
B : **I'll thank you to mind your own business.** 상관 말았으면 고맙겠어.

A : Maybe you should go home early today and go to bed.
오늘은 일찍 들어가 주무세요.
B : I appreciate your concern, but **it's none of your business.**
생각해 주시는 것은 고맙지만, 당신이 상관할 일이 아니죠.

096

Money is no object.
돈은 문제가 아니다

생전 돈 걱정 안하고 사는 사람들이 있어. 태어날 때 은수저를 물고 태어난 사람들 말이야. 그 사람들은 얼마나 돈이 많은 거야? 수천 억 갑부가 데릴사위 후보를 구한다는 기사가 나간 적이 있어. 대한민국에 안 되는 게 어디 있냐는 유행어까지 있긴 하지만, 정말 그런 의미라면 좀 우울하네. ㅠㅠ

Money is no object. '돈은 문제가 아니다, 얼마가 들든 상관 없다' 라는 의미야. 영어를 공부하기 위해 얼마가 들든 투자하겠다라는 학구적인 몸부림(?)이라면, 그건 좋은 일이지. 하지만, 돈이면 다 된다는 식의 발상은 제발 자제해 줘. ^^

- Money talks! 돈이면 만사해결
- Expense is no object. 비용 불문.

돈이 말도 하네. ㅋㅋ

Useful Expressions

Don't worry. **Money talks!** 걱정하지 마, 돈이면 만사 OK야!

A : My boss always travels first class. 사장은 늘 1등석으로 출장 가.
B : **Expense is no object** to him. 그 사람한테는 경비가 문제가 아니지.

A : Please show me the best mobile phone you have. **Money is no object.**
가장 좋은 핸드폰을 보여 주세요, 금액은 상관없어요.
B : Here you are. 여기 있습니다.

097

My pleasure.
별 말씀을

블로그나 미니홈피에 올린 자료나 글을 퍼가면서 남긴 댓글을 보면 얼마나 기분이 좋은지 몰라. 고맙다는 말이 어찌 보면 당연하다고 할 수도 있겠지만, 사실 주는 기쁨도 만만치 않거든. 그래서 난 오히려 내가 감사하다는 답글을 달아. ^^

My pleasure. 고맙다는 말에 '별 말씀을요, 도와드려 저도 기쁩니다' 라고 답하는 공손한 표현이야. **It was my pleasure.** 의 준말이지. 기왕 인심 쓰는 거라면, **with pleasure** '기꺼이' 해야 되는데… 만약 누가 내 차를 빌려달라고 하면, '아이고 그럼요. 얼마든지 타세요' 이렇게 기꺼이 빌려 줄 수 있을까 모르겠네. ㅋㅋ

Useful Expressions

I'll do it **with pleasure**. 기꺼이 하겠어요.

It's a pleasure to finally meet you. 이렇게 결국 만나게 되어 기쁩니다.

A : May I borrow your car? 차 좀 빌릴 수 있을까요?
B : **With pleasure.** 얼마든지요.

A : Thank you for helping me. 도와 주셔서 감사합니다.
B : Oh, no problem. **It was my pleasure.** 천만에요. (도와 드린) 제가 기쁘네요.

098

Never mind.
신경 쓰지 마

개그프로 중에 이런 장면이 있어. 자기 자리도 없이 교실 바닥에 앉아 분노를 삼키는 삐딱한 학생이 한 명 나오는데... 완전 왕따라서 뭘 얘기를 해도, 무슨 행동을 해도 아무도 그 존재를 인정해 주지 않아. 아무리 발버둥을 쳐봐도 돌아오는 반응은 관중을 향해, **Never mind!** '신경 쓰지 마!' -.-

개그프로를 너무 심각하게 보는 거 아닌지 모르겠지만, 혹 누가 이런 상황에 있다 하더라도 오히려 별 일 아니니 잊어 버려라, 맘에 두지 말라고 위로해 주는 사람이 주위에 있다면 아마 다시는 제2의 조승희는 나오지 않을 것 같아.
참고로 방금 한 얘기를 반복해서 다시 말하고 싶지 않을 때도 쓸 수 있는 표현이야. ^^

Useful Expressions

Never mind him. 그 친구 걱정은 마.

Never mind what he said. 그 사람 말 맘에 두지 마.

Never mind, you'll soon feel better. 걱정 마, 곧 기분이 괜찮아질 거야.

A : What did you say? 뭐라고 그랬니?
B : **Never mind,** it doesn't matter. 아냐, 별 거 아냐.

A : I lost that wallet you gave me. 나에게 사준 지갑을 잃어 버렸어.
B : **Never mind,** I can buy another one. 걱정 마, 하나 더 사면 돼.

099

No problem.
문제 없어, 별거 아냐

개그프로 방청권 얻기가 쉽지 않다고 들었어. 아시는 분이 있으면 쉽게 구할 수 있을 텐데 말이야. 가끔 연예인들은 앞자리에서 구경하시더만… ㅋㅋ
No problem. 은 '문제 없어, 별거 아냐' 정도의 의미야. 또, 상대의 고맙다는 말에 **No problem.** 이라고 말한다면 우리가 잘 알고 있는 **You're welcome.** (천만에요)과 같은 표현이 되는 거야. 어때, 식은 죽 먹기 아냐? ㅋㅋ

참고로 영화 〈터미네이터2〉를 보면 어린 존이 터미네이터에게 슬랭을 가르쳐 주는 장면이 잠깐 나와. 거기서 나왔던 표현 중의 하나가 **No problemo.** (노 프라블레모)야. 오타가 아니라, 스페인어에서 유래된 표현인데 미국에서도 많이 써. ^^

- It's easy. 그건 쉬워.
- It's a snap. 간단하지.
- It's a piece of cake. 식은 죽 먹기다.
- No sweat. 껌이지.
- It's a breeze. 누워서 떡 먹기야.

Useful Expressions

A : Can you help? 도와 주실래요?
B : **Sure, no problem.** 그럼요, 문제 없습니다.

A : Will you be able to pick me up after work tonight?
오늘 저녁 퇴근 후에 나를 데리러 올 수 있어?
B : **No problem!** What are friends for? 그럼! 친구 좋다는 게 뭐니?

A : Will you be able to get me tickets for the Gag Concert?
개콘 방청권 좀 구해 줄 수 있어?
B : Of course, **no problem!** 물론이지, 문제없어!

A : Can I take this? 이거 가져가도 되나요?
B : Yeah, sure. **No problem.** 그럼요, 별것도 아닌데요.

100

No thanks.
고맙지만 됐어요

오늘은 특별한 날! 예비사위 인사 받는 날이거든. 손님이라고 다 같은 손님인가. 어머니는 가장 자신 있는 음식으로 귀한 백년손님을 맞이 하는데… 그런데 이 젊은 친구가 젓가락으로 음식을 들었다 놨다, 결국 몇 숟가락 뜨다가 마네. 좀 더 들어보라고 권하시는 어머니. **No thanks.** 고맙지만 사양한단다. 얘가 왜 이래. 이쁘게만 봤던 사윗감에게서 하염없이 밀려오는 거리감… 서운한 맘을 참아가며 어머니는 얼른 음식 간을 다시 보시는데… ㅠㅠ 이 사윗감이 외국인이었다면, 문화의차이 때문에 얼마든지 오해할 수 있는 상황이야.

우리가 그냥 **No!** 라고 얘기하긴 쉬워도, 영어로 **No thanks.** 까지 말하는 것이 결코 쉽진 않아. 연습 없이는 말이야. ^^

Useful Expressions

A : More pudding? 푸딩 더 먹을래?
B : **No more thanks,** I'm full. 아니, 난 됐어, 배가 부르네.

A : Do you want a lift? 태워 줄까?
B : **No, it's all right, thanks.** 아냐, 됐어, 고마워.

A : Would you like some beer now? 이제 맥주 좀 드시겠어요?
B : **No, thanks.** I'll stick to wine. 아뇨, 계속 와인으로 하겠습니다.

A : Would you like some more coffee? 커피 좀 더 하시겠어요?
B : **No, thank you.** 고맙지만 사양할게요.

No way!
말도 안 돼!

우리처럼 나이 따지고 위 아래 따지는 사회도 드물 거야. 얼핏 봐서는 이제 갓 30대 초반으로 보이는 친구가 서른 아홉이라고? **No way!** 이런, 말도 안 돼! 너무 어려 보이잖아. 이 참에 형님-동생 하려고 했더니 이렇게 부러울 수가. 요즘 보톡스 주사가 유행이라는데… 나도 그거 한 대 맞을까? 절대 안 된다고? ㅋㅋ

이렇게 말도 안 되는 상황에서, 또 절대 용납할 수 없는 상황에서 쓸 수 있는 표현이 바로 **No way!** 야. 영어공부, 이젠 아무리 해도 늘지도 않고 당장이라도 포기하고 싶다고?? **Oh, No way!** ^^

Useful Expressions

There's no way I can help you. 제가 당신을 도와줄 방법이 없어요.

He's 39? **No way!** You must be joking. 그 남자가 서른 아홉? 말도 안 돼, 농담이겠지.

No way am I playing **hwatu** cards with you for money.
내가 너랑 화투 도박을 할 순 없어.

A : Lend me your car. 차 좀 빌리자
B : **No way!** 어림없지.

A : Let's study, shall we? 공부 할래?
B : **No way!** You're going to the party with me!
 말도 안 돼, 너 나랑 파티 가야지!

No wonder.
당연해, 놀랄 것도 없어

얼마 전 미국 명문대 유학중인 학생들이 과제를 표절했다가 단체로 퇴학 당한 일이 있었어. 정말 부끄러운 일이지만, **It's no wonder.** 어찌 보면 너무 당연한 것인지도 몰라. 우리는 어릴 적부터 늘 시험에 익숙해져 있고, 성적은 일단 잘 받고 봐야 한다는 생각에 상당수 학생들이 부정행위나 표절에 무디어 있는 것이 현실이야. 대학을 나와도 자기 졸업 논문조차 기억 못해. 당연하지. 자기가 직접 쓰지 않았거든. -.-

It's little/small wonder. 약간의 정도 차이를 느낄 수 있는 표현들이야. 거의 같은 표현으로 보면 돼. ^^

Useful Expressions

No wonder he's so fat. He has appetites like wild animals.
그가 뚱뚱한 건 당연해, 정말 식욕이 대단하거든.

A : Was Joe really fired? 조가 정말 해고되었나요?
B : **It's no wonder,** he's too lazy. 짐작한 바야, 그 친구 너무 게을러.

A : I don't feel so well. 속이 영 안 좋아.
B : **No wonder** you feel sick, you ate a whole pizza!
당연한 거 아냐, 피자 한 판을 다 먹었잖아!

A : Look at his sleep. He's dead to the world. 자는 것 좀 봐, 세상 모르고 자고 있어.
B : **Small wonder** he was so tired! 그렇게 피곤한 게 당연하지.

Now you're talking!
바로 그거야! 그렇게 나와야지!

오늘은 또 뭘 먹을까?? 점심 메뉴를 고르는 것도 은근히 스트레스야. 추천 메뉴 문자 서비스가 있으면 괜찮을 거 같은데. 오늘은 뭘 드시라고 말이야. 어제 회식도 했으니 얼큰하고 시원한 걸 먹었으면 좋겠는데, 메뉴가 마땅히 생각이 안 나네. 그때 옆에서 누가 하는 말, '생태찌개?' ㅋㅋ

Now you're talking! '바로 그거야! 진작 좀 얘기하지!' 이 말이 안 나올 수가 없겠지? 이 표현이 비교적 맘에 드는 제안을 들었을 때 쓰는 거라면, 진작 들었어야 될 말을 듣게 되는 경우 쓰는 표현도 있어. 만약 아침 먹다가 오늘이 민방위 훈련인 것 같다는 말을 듣게 된다면, 이 말 안 할 수 없을 거야. **Now you tell me!** 으이그~ 빨리도 얘기하시네! ^^

Useful Expressions

Take the day off? **Now you're talking!** 하루 쉬자고? 진작 그렇게 나와야지!

Juk instead of *bab*? **Now you're talking!** 밥 대신 죽으로? 그거 괜찮네

Now you're talking! You've got a great idea! 바로 그거야! 기가 막힌 생각이야!

A : Would you like pizza for lunch? 점심으로 피자 먹을래?
B : **Now you're talking!** 그거 좋네

A : Or we could go out for dinner if you prefer. 아니면 나가서 저녁 먹을까?
B : **Now you're talking!** 그래, 그렇게 나와야지!

104

Oh, Boy!
이런! 와우!

영어에 익숙하지 않은 사람도 아주 자주 쓰는 감탄사가 있어. 오 마이 갓! ㅋㅋ 워낙 영화에서 많이 나오기도 하고 실제로 정말 많이 쓰는 표현이야. 하지만 신의 이름을 불경스럽게 입에 담는 말이기 때문에 완곡하게 변형된 다른 표현을 많이 쓰고 있어. 당연히 우리도 이런 표현을 쓰는 게 좋을 거야. ^^

- Oh, no. 이런, 맙소사!
- Oh, my! 오, 이런!
- Good grief! 에구구.
- Oh, brother! 이런, 어이쿠!
- Oh, my gosh! 아니, 이런.

Oh, boy! 도 그 중에 하나야. '오, 소년이여!' 가 아니고 기쁨, 놀람, 흥분, 경멸 등의 감정을 좀 더 강조해 주는 감탄사지. 와우! 정말 멋진 표현 아냐? ㅋㅋ

Useful Expressions

Boy, is he mad! 세상에, 저 사람 미쳤군!

Oh, brother! It's really late! 이런! 완전히 지각이야.

Oh, my! It's pouring outside. 세상에! 밖에 비가 억수로 오잖아.

Oh, boy! That was a great play! 와우! 멋진 경기였어!

Oh, no! I've left my camera at home. 아뿔사! 카메라를 집에 놓고 왔네.

A : See, today is your wedding anniversary. 저, 오늘이 두 분 결혼기념일입니다.
B : **Oh, my gosh!** It completely slipped my mind. 맙소사! 까맣게 잊고 있었네.

105

Really?
진짜야? 사실이야?

수사관이 조사를 할 때, 절대 '어이구~ 그러세요. 그러시군요' 라고 하진 않을 거야. 아마도 **Really?** '진짜야? 사실이야?' 라고 계속 달달 볶지 않을까? 우리도 어떤 얘기를 들었을 때 놀랄만한 일이거나 흥미 있는 얘기라면 이런 식으로 반문할 거야. 어우, 야~ 정말? ㅋㅋ

만약 억양을 올리지 않고, **Yeah, really.** 라고 하면 의미는 좀 달라져. '그러게, 그렇다니까, 그러게나 말이야' 정도로 상대방 말에 동의한다는 표현이 될 수 있어. 또 not 을 써서, **Not really.** 라고 한다면 '그다지, 뭐 꼭 그렇지는 않아' 정도의 표현이 되는 거야. ^^

- No kidding? 농담이지?
- Are you sure/serious/kidding/joking? 사실이야?

Useful Expressions
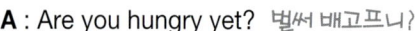

A : Are you hungry yet? 벌써 배고프니?
B : **Not really.** 아니 그다지.

A : They divorced, right? 그 사람들 이혼했다면서?
B : **Really?** When? 진짜? 언제?

A : He's not such a fool as he looks. 그가 보기만큼 그렇게 바보는 아니야.
B : **Yeah, really.** 그렇다니까.

Same here.
나도 그래, 나도 마찬가지야

초등학교 학급대표들이 인사를 하는 걸 본 적이 있어. 앞의 친구가 워낙 말을 잘하니까, 바로 뒤의 친구는 '이하동문입니다' 라고 간단히 줄이더군. 앞에서 한 말을 잘 받는 것도 실력이야. 특히 영어는 장단을 잘 맞춰줘야 하거든. ^^

Same here. '나도 그래, 나도 마찬가지야' 라는 의미야. 우리가 잘 알고 있는 **Me too!** 와 같은 표현이지.
참고로 **Same here.** 가 '나도' 의 의미라면, **Same to you.** 는 '너도' 의 의미야. 흔히 인사의 대답으로 많이 쓰는 표현이지. **Have a nice weekend!** 주말 잘 지내라는 인사에 다음과 같이 대답해 봐. **Same to you!** ^^

Useful Expressions

My husband's against it, **and the same here.** 남편이 그것에 반대해, 나도 마찬가지고.

A : I'm hungry. 배고파.
B : **Same here.** Let's have a quick bite. 나도, 우리 간단하게 뭐 좀 먹자.

A : I'd love to see you again. 다시 만나면 좋겠다.
B : **Same here.** 나도.

A : I haven't got any money. 난 돈이 하나도 없어.
B : **Same here.** I'm completely broke! 나도 마찬가지야, 완전 개털이라구!

A : I'm not very good at English. 내가 영어를 잘 못하잖아.
B : **Same here.** 나도 마찬가지야.

Since when?
언제부터?

초등학교 4학년 때인가… 어머니에게 달력에 있는 숫자가 안 보인다고 했더니, 얼마나 놀라셨는지 몰라. 언제부터 그랬냐고, 왜 얘기를 안 하고 있었냐고 혼도 많이 났어.

Since when? 언제부터 그랬냐고 묻는 표현인데, 주로 분하거나 놀랐을 때 많이 써. 친한 친구가 말도 없이 새 직장으로, 그것도 직종을 바꿔 전직했다는 사실을 나중에야 알았다고 생각해 봐. 이 말부터 나오지. 참고로, **Since then.**은 '그 때부터' 라는 표현이야. 또 다른 내 친구는 작년 겨울 스키장에서 다쳐서, 그때부터 지금까지 일을 못하고 있다니까. ㅠㅠ

Useful Expressions

Since when did you quit smoking? 너 언제부터 담배 끊었어?

You play like a pro! **Since when** did you start? 프로선수 같아! 언제부터 시작한 거야?

Since when do you have the right to tell me what to do?
너 언제부터 나한테 이래라 저래라 했냐?

He had a nasty skiing accident in 2006. **Since then,** he has been unemployed.
그는 2006년 심한 스키 사고를 당했고, 그때부터 실직 상태다.

A : **Since when?** 언제부터야?
B : Since last week! 지난 주부터!

A : Congratulations on your new job. **Since when** did you start?
새 직장 잡은 거 축하해. 언제부터 출근한 거야?
B : Since last month! 지난 달부터야!

So far, so good.
지금까지는 좋아

얼마 전까지만 해도 빚을 내서라도 집을 장만한 분들이 엄청나게 많았어. 지금은 대출을 받고 싶어도 받기가 만만치 않아. 문제는 대출금리가 많이 올라, 기존에 무리해서 대출을 받았던 사람들의 부담이 점점 커지고 있다는 거야. 구입한 부동산 가격도 어느 정도 올랐겠지만, 예전처럼 앞으로도 계속 오르기는 힘들 것 같아. 그래서 한번 그 심정을 물어 봤는데, 당사자는 아직까지 좋다고 하네. ^^

So far, so good. '지금까지는 좋다'라는 표현이야. 말 그대로 현재까지는 좋다는 얘기니까, 앞으로 어느 정도의 악재도 있을 수 있다는 의미도 돼. 앞날이야 어찌 알겠어? 지금까지 좋으면 좋은 거야. ㅋㅋ

Useful Expressions

The first round of talks went well. **So far so good.**
1차 회담이 잘 되었습니다. 아직까지 순조롭습니다.

A : How did your discussion go? 토론은 어땠어?
B : **So far, so good.** 지금까지는 좋아.

A : What's your new school like? 새 학교는 다니기 어때?
B : **So far, so good.** 지금까지는 좋아.

A : How's your new job? 새 직장은 어때?
B : **So far, so good.** But I'm a little worried about the next few months.
아직까지는 좋아, 하지만 앞으로 몇 달이 좀 걱정되네.

109

Something came up.
갑자기 일이 생겼어

회사에서 직원들을 평가할 때 가장 비중을 두는 것 중의 하나가 바로 근태야. 업무능력은 그 다음이지. 근태가 안 좋은 사람들의 특징이 유난히 일이 많이 생긴다는 거야. 감기몸살, 요통, 치과치료, 한의원까지… 완전 움직이는 종합병원이라니까. 본인만 그러면 괜찮지. 배우자에 자녀들까지 관련하여 갖가지 사건 사고에 심지어 본가, 처가 어른들까지. 도대체 어르신들이 1년에 몇 번이나 위독하신 거야?

Something came up. '갑자기 일이 생겼어' 라는 표현이야. 정말로 이런 경우 난감하지. 몇 년을 기다린, 정말 가고 싶은 모임에 못 가는 경우가 생겨봐. 너무 속상하지만, 어쩌겠어. ㅠㅠ

Useful Expressions

Something came up. So I couldn't make it. 갑자기 일이 생겼어, 그래서 못 갔어.

Something's come up at work, so I won't be able to go with you.
직장에 갑자기 일이 생겨서 같이 못 가.

A : Why don't you come shopping with me? 나랑 쇼핑하러 가지 않을래?
B : I really want to, but **something urgent came up.**
  정말 가고 싶은데 갑자기 급한 일이 생겨서.

A : Why didn't Erik come to the party last night? 왜 에릭이 어제 파티에 안 왔지?
B : Well, **something came up** and he probably forgot about it.
  무슨 일이 생겨 아마 그걸 잊어버린 것 같아.

Stop it!
그만해!

그 넓은 강의실에 그것도 교수님이 몇 가닥 안 남은 머리카락을 휘날리며 열정적인 강의를 하고 있는 이 중요한 시간에, 분위기를 깨는 소리가 들리네. 딱 딱…

이거 분명 볼펜소리인데 말이야. 누군가 봤더니 저, 저 짜식! 고개까지 푹 숙이고 엉뚱한 공부를 하고 있네. 자기 귀에는 저 소리가 안 들리나?? 한쪽 다리는 왜 저렇게 떨어. 어라? 입으로는 뭔가를 막 중얼거리고 있잖아. 미치겠다. ㅠㅠ
Stop it! '그만해!' 라는 말이 목까지 치미는 걸 겨우 참았어. 볼펜 좀 좋은 걸로 쓰지 말이야.

감정을 살려 비슷한 표현들까지 열심히 연습해. 누가 제발 그만하라고 할 때까지. ㅋㅋ

- Stop that! 그만!
- Knock it off! 시끄러워 그만해!
- Don't do that! 그러지 마!
- Cut it/that out! 그만둬!
- Quit doing that! 그만해!

Useful Expressions

Stop it this minute! 당장 그만둬!

Stop it! That's enough! 그만해! 됐으니까!

Stop it! That's really annoying. 그만 좀 해, 정말 짜증나.

Oh, **just cut it out!** I'm sick of listening to you.
아, 그만해! 네 얘기 들어 주는 것도 지긋지긋해.

A : Stop it, you're hurting me! 이제 그만해, 아프잖아!
B : Sorry. 미안.

Suit yourself.
알아서 해

나름대로는 신경 써서 이런 저런 충고를 해주었건만… 소신인지 고집인지 정반대의 결정을 하는 걸 보면 한심하기도 하고 짜증이 나기도 해. 어쩌겠어. 본인이 그렇게 하겠다는데. 그럴 때는 더 얘기해 봐야 소용없어. **Suit yourself!** 나는 상관없으니 알아서 하라고 하는 수 밖에. 그때 쓰는 표현이야. ^^

상대방의 의사를 존중하는 분위기라기 보다는, 짜증은 좀 나지만 그냥 내버려 두는 표현이야. 우리말에도 죽이 되든 밥이 되든 상관 안 할 테니까 알아서 하라는 말이 있잖아? 비슷한 표현으로 **Have it your (own) way.** 란 표현도 있어. 네 맘대로 하세요~! ㅋㅋ

Useful Expressions

Suit yourself, but good luck! 좋을 대로 해, 잘 되겠지.

I don't mind either way. **Suit yourself!** 난 어느 쪽이든 상관 없어. 알아서 해!

We could meet again tonight. **Suit yourself.** 오늘밤 다시 만나도 되니까 네가 알아서 해.

A : I think I'll stay at home this evening. 나 오늘은 집에 있을래.
B : **Suit yourself.** 좋을 대로 하셔.

A : I'm not sure whether to buy this car or not. 이 차를 살지 말지 확신이 없어.
B : **Suit yourself.** 네가 알아서 해야지.

Sure.
물론, 당근

직장 동료나 상사가 부탁을 할 때, 사람마다 반응은 천지 차이야. 이 핑계 저 핑계로 도망치는 부류가 있는가 하면, 정말 속 시원하게 늘 **Sure!** 라고 대답하는 부류가 있어. 드림팀이 뭐 별거야? 이 정도의 의리는 있어야 같이 일할 맛도 나지. 생각이 너무 많은 것도 병이야. 손해볼 때 보더라도 기왕 할 거면 기분 좋게 하자고! ㅋㅋ

영어에서 가장 기분 좋은 대답이 또 뭐가 있을까? ^^

- Gladly! 기꺼이
- Sure thing! 앎! 물론!
- Absolutely! 당연하지!
- With pleasure! 기꺼이 그러지!

Useful Expressions

A : Can we talk? 우리 얘기 좀 할 수 있어요?
B : **Absolutely,** come in. 당연하죠, 들어 와요.

A : See you next week. 담 주에 봐!
B : Yeah, **sure thing!** 응, 그래야지!

A : Will you join us for a drink? 우리와 한 잔 하실래요?
B : Thank you, **with pleasure.** 고마워요, 기꺼이 가지요.

A : Would you drive Amy to home? 에이미를 집까지 데려다 줄래요?
B : **Gladly!** 기꺼이 그래야죠!

A : Won't you come up to my place for a chat?
우리집에 한담(閑談)이나 하러 오실래요?
B : **Sure,** I can come by around two. 물론이죠, 두 시쯤에 들를게요.

05

웃기는 英선생
영어회화 핵심 기본 표현

윤다가 전진 영어회화

113 Take it easy.
진정해, 살살해.

⋮

140 You're wrong.
네가 틀렸어

113

Take it easy.
진정해, 살살해

많고 많은 영어 표현이 있지만, **Take it easy!** 처럼 요긴한 표현도 없어. 한 번 살펴볼까?

의사가 환자에게 맘 편하게 잡수시라고 할 때.
열 받은 사람에게 진정하라고 할 때.
'굿바이' 인사를 할 때.
이삿짐 아저씨에게 조심하라고 말해주고 싶을 때.
열심히 일하는 동료에게 쉬어 가며 하라고 할 때… 등등.

다음은 easy 가 들어간 다른 표현들이야. 쉬우니까 같이 챙겨 볼까?

- Easy does it! 서둘지 마! 조심해! 침착해!
- Go easy on her! 그녀에게 잘해!

Useful Expressions

You'd better **take it easy** for a while. 한동안 좀 쉬는 게 좋겠다.

Take it easy! I didn't mean any offence. 진정해! 기분 상하게 할 생각은 없었어.

Take it easy on Kate. She's pregnant. 케이트에게 좀 잘 해, 홀몸도 아닌데.

Take it easy! You'll break the LCD TV! 살살해요! 그러다 LCD TV 망가뜨리겠어요!

A : It was nice talking to you. **Take it easy.** 이야기 즐거웠어, 잘 지내.
B : You too. Bye-bye. 너도, 안녕.

A : **Take it easy.** Let's take a coffee break. 쉬었다가 하세요, 커피 한 잔 합시다.
B : Great! 좋아요.

Take it or leave it.
싫으면 관둬

지금은 정말 많이 바뀌었지만, 전자상가에 가면 오직 다리품과 배짱으로만 흥정하던 시절이 있었어. 서로 밀고 당기다가 이 쪽에서 현금결제를 조건으로 최종 제안을 던지는 거야. **Take it or leave it!** 팔기 싫으면 관두라는 말과 함께. 협상이라는 게 그런 거야. 공을 상대방에게 넘기는 거지**(The ball's in your court.).** 뭐, 대부분 거래는 잘 끝나게 되어 있어. 남는 게 없다는 말이 다 뭐야. 그냥 하는 말이지. ㅋㅋ

참고로 있어도 그만, 없어도 그만이라는 의미도 있어. 날 더워지는 5월부터는 난 초밥이나 회덮밥 같은 메뉴는 왠지 별로야. 먹어도 그만 안 먹어도 그만이란 말이지. ^^

Useful Expressions

That's my final offer. **Take it or leave it.**
그게 최종 제안입니다, 안 된다면 없던 일로 하죠.

I'm not giving you more than $100 for it. **Take it or leave it.**
100불 이상은 못 줍니다, 싫으면 관두세요.

My wife's absolutely crazy about sushi but I can **take it or leave it.**
아내는 초밥이라면 환장을 하지만, 난 있으면 먹고, 안 먹어도 그만이다.

A : This is my last offer. **Take it or leave it.** 이게 내 최종 제안이야, 싫든 좋든 알아서 해.
B : Then, **I'll leave it.** 그렇다면 그만둘게.

Take your time.
천천히 해

취업을 하려면 일단 입사원서를 작성해야 하는데, 예전에는 이게 보통 일이 아니었어. '자필 이력서'라고 들어 봤어? 말 그대로 깨알 같이 적는 거야. 물론 회사별로. 쓰다가 아차! 처음부터 다시 쓰기를 몇 번 반복하고 나서야, 원서 들고 우체국으로 갔던 시절이었지. ㅠㅠ

Take your time! 시간을 가지라고? 여유 있게 천천히 하라는 말이야. 서두르면 늘 일을 그르친다니까. 괜찮은 이력서 양식 하나 만들어 놓고 여기저기 메일로 '보내기'만 클릭하면 된다고 생각할지 모르겠지만, 그게 아냐. 보내기 전에 천천히 한번 더 살펴보고 보내야지. 다른 회사 지원했던 내용 그대로 보내서야 어디 면접이나 제대로 보겠어? 여유 있게 천천히 해. ^^

Useful Expressions

Take your time. Easy does it. 천천히 해, 조심해서.

Take your time. There's no hurry. 천천히 해, 서두를 거 뭐 있어.

Take your time. Haste makes waste. 천천히 해, 서두르면 일을 그르친다니까.

A : I'll be there in ten minutes. 10분 후에 도착합니다.
B : **Take your time!** 천천히 와!

Tell me about it.
누가 아니래

법 없이도 살 수 있는, 심지어 자동차 무사고, 무벌점, 무딱지 경력에 자랑과 긍지를 삼고 있는 내게 검찰청에서 연락이 왔어. 정해진 날짜에 출두를 안 했으니, 자세한 안내를 받으라고? 얼마 전부터 극성을 부리고 있는 국제 전화사기단 전화야. 자녀를 데리고 있으니 어디로 돈을 붙이라는 식의 전화사기에는 판사님까지 깜박 속아 넘어 갔다고 하더군. ㅋㅋ

Tell me about it! 좋지 않은 문제나 경험에 대해 '누가 아니래, 내 말이 그 말이야, 두 말하면 잔소리지' 라고 맞장구를 치는 표현이야. 검찰(?)에서 연락 받은 사람이 주위에 꽤 많을 거야. 사기 당한 셈 치고, 이 표현 실감나게 같이 연습하면 되겠네. ^^

Useful Expressions

A : He's a real scrooge. 그 인간 진짜 구두쇠야.
B : **Yeah, tell me about it.** 내 말이 그 말이야.

A : I'm overloaded with work. 할 일이 태산이야.
B : **Tell me about it!** 누가 아니래.

A : He was jobbed out of his money. 그가 사기를 당해 돈을 날렸어.
B : **Tell me about it!** That happened to me just last week!
누가 아니래, 바로 지난 주에 나도 그랬어.

117

Tell you what.
이렇게 하시죠

차를 사건 사야겠는데 언제 사야 할지, 무슨 차를 사야 할지 판단이 안 서. 일단 후보 모델을 한두 개 정도 정한 다음 상담을 받아 보기로 했어. 도움은 많이 되었지만 여전히 결정을 내리지 못하자, 영업사원은 차량 가격의 5% 할인과 원하는 옵션 무료 장착이라는 파격적인 제안을 했어. 어쩌겠어. 이쯤되면 그렇게 하는 거지. ㅋㅋ

Tell you what. '이렇게 하자' 의 의미로 뭔가를 제안하기 위해 쓰는 표현이야. 영어가 영 늘지 않는다고? 그럼 이렇게 하는 거야. 1년 정도 최소한 하루에 1시간 정도라도 꾸준히 공부를 해보는 거야. 그래도 별 효과가 없으면 어떡 하냐고?? 그럴 일은 절대로 없지. ^^

Useful Expressions

A : What's on TV tonight? 오늘밤 TV에서 뭐하지?
B : **I'll tell you what** - let's go to the cinema instead.
이렇게 하자, TV 대신 영화를 보러 가는 거야.

A : It's too expensive. 너무 비싸요.
B : **I'll tell you what.** I'll give you a five percent discount if you buy now.
이렇게 하시죠, 지금 구입하시면 5% 빼 드리죠.

A : What would you like to do this weekend? 이번 주말에 뭐 할거야?
B : **Tell you what,** call me on Friday, and we'll make plans then.
이렇게 하자, 금요일에 전화 줘, 그리고 나서 뭘 할지 잡아 보는 거야.

That makes sense.
말 되네, 듣고 보니 알겠어.

스포츠댄스에 푹 빠진 친구 부부가 있어. 일단 보기에 부럽기는 한데, 도대체 두 사람이 무슨 생각으로 저걸 시작했을까 궁금해지더라구. 바쁜 데 둘이 그런 것까지 할 시간이 있냐고 물어봤더니, 어차피 더 나이 들면 다들 하는 건데, 조금이라도 젊을 때 제대로 배워두겠다는 거야. ^^

That makes sense! '말 되네. 듣고 보니 옳은 말이야!' 내가 무릎을 탁 쳤다니까. 평균수명이 100살이 넘어갈 지도 모르는데 그 길고 긴 여생을 가만히 앉아 있을 순 없지. 그때는 몸이 맘처럼 움직이지 않을 거란 말이야. 아무리 생각해봐도 친구 말이 그럴싸한 것이, 이거 왠지 뒤처지는 느낌이야. 우린 영어공부라도 열심히 해두자고. 나중에 여행도 다녀야지! ㅋㅋ

Useful Expressions

It all **makes sense** now. 이제 듣고 보니 알겠네.

What you say **makes no sense.** 네 말은 앞뒤가 맞지 않아.

A : I can't **make sense of** the article. 난 그 기사를 이해할 수 없어.
B : Tell me about it. 내 말이 그 말이야.

A : Does regulation **make sense?** 규제가 타당한가?
B : I don't know. I thought it was too complicated.
모르겠어. 너무 복잡하다고 생각했어.

119

That's funny.
거참 이상하네

죽기 살기로 해야 잘 할 것 같지만, 사실 그렇지도 않아. 내 경험상, 마음을 비우고 느긋하게 해야 오히려 잘 되는 경우도 많아. 연애도 마찬가지인데, 상대가 너무 들이대면 오히려 부담스럽잖아. 특히 남자들은 더더욱 그래. 재미있는 건, 다이어트를 그만 두자마자 그때부터 오히려 체중이 줄기 시작했다는 얘기도 들어봤어. ㅋㅋ

That's funny. 정말 웃겨서가 아니라, 뭔가 설명도 안 되고, 이해도 안 되는 상황에서 '거참 이상하네' 정도의 의미로 쓸 수 있는 표현이야. 재미있는(?) 표현 몇 개 더 볼까?

- What's so funny? 뭐가 그렇게 웃겨?
- The funny thing is, … 재미있는 사실은 말이야.

Useful Expressions

That's funny! He was here just a minute ago.
거참 이상하군. 그 친구 조금 전까지 여기 있었는데.

The funny thing is, once she stopped dieting she started to lose weight.
재미 있는 사실은, 그녀가 다이어트를 그만 두자마자 체중이 줄기 시작했다는 거야.

A : **It's funny.** Sally seems different somehow.
알 수가 없네. 그녀가 뭔가 변하긴 했는데.
B : She put on a little eye make-up. 눈 화장을 약간 했네.

A : No wonder you couldn't find your keys! They were in the car all along.
키를 못 찾는 게 당연하지. 계속 차 안에 있었어.
B : **That's funny!** 알다가도 모르겠네!

That's that.
이것으로 끝, 그럼 그렇게 해

누가 뭐래도 아닌 건 아니야. 나 역시 절대로 아이들이 게임에 장기간 몰입하는 걸 원치 않아. 아니라고 얘기하면 그걸로 끝이야. 한판만, 10분만 더 하겠다는 변명조차 듣지 않아. 그 때만큼은 절대 애들 말에 귀 기울이지 않아.

That's that! 은 내 결정과 의지가 결코 꺾이지 않을 것임을 보여주는 표현이야. 또 그런 상황에서는 상대방도 뭐 마땅히 할 말도 방법도 없어. 그렇게 결정하라고 할 밖에. 그 때도 **That's that.** 이야. ^^

Useful Expressions

I said no, **and that's that!** 아니라고 말했어, 이것으로 끝!

I won't go, **and that's that!** 난 안 가, 안 간다고!

I won't agree to it, **and that's that!** 난 동의 못하니까, 그런 줄 알아!

If that's the way you want it, I guess **that's that.**
그것이 네가 원하는 길이라면, 그렇게 결정하자.

You are not allowed to stay up to play computer games **and that's that.**
늦게까지 컴퓨터 게임은 안 돼, 더 이상 말하지 않겠어.

A : I want you to go home. 집에 가자.
B : I'm staying here for now. 당분간 여기 있을래요.
A : You're not going **and that's that!** 안 가겠다, 그럼 그렇게 해!

121

There's no hurry.
급할 거 없어

우리처럼 성미 급한 사람들도 없어. 0.5초만 신호 받는 게 늦어도 벌써 뒤에서 빨리 가라고 빵빵거리고 난리야. 여럿이서 함께 밥을 먹어도 다들 먹을 때는 조용해. 화난 사람들처럼 말이야. 얼마 전, 급하게 빵이랑 우유를 먹다 질식사한 사건도 있었지만 얼마나 빨리 먹었으면 그랬겠어. -.-
학창시절 영어시간에 가정법에 대해서 배운 적이 있을거야. 지금도 기억나는 문장이 있는데…

Hurry up, or you will miss the train. 서둘러라, 그렇지 않으면 기차를 놓칠 것이다.

이것 봐. 공부하면서까지 빨리 빨리야. ㅋㅋ
하지만, **There's no hurry.** '급할 거 없어' 조금 일찍 가 보겠다고 요리조리 차선 바꿔 봐야 거기서 거기야. 한 가지 이상한 건, 조기유학은 그 난리를 치면서도 초등학교 7살 입학은 왜 모두들 유예시키려는 거지? ^^

- What's the hurry? 뭐 그리 급해?
- Where is the fire? 어디 불이라도 났니?
- I'm not in any hurry. 난 급할 거 없어.
- There seems to be no need to hurry. 서둘 필요가 없는 것 같다.

Useful Expressions

Relax, **there's no hurry.** 맘 편히 먹어, 급할 거 없으니까.

Slow down, Steve. **There's no big hurry.** 천천히 해, 스티브, 서두를 것 없어.

What's the hurry? We've got plenty of time. 뭐가 그리 급해? 우리 시간은 많아.

A : You can wait till I've finished my beer. 맥주 다 마실 때까지 기다려줘.
B : I don't mind waiting. **I'm not in any particular hurry.**
기다려도 괜찮아, 특별히 바쁠 것도 없으니까.

What?
뭐? 뭐, 뭐어~?

'**뭐?**' 이 한 마디에 여러 가지 의미가 담겨 있어.
짧게 끝을 올려서 '뭐?' … 라고 하면 상대방이 말한 걸 못 알아들었다는 거야.
그냥 짧게 '뭐' … 누가 내 이름을 불렀다는 거고.
길게 끝을 올려서 '뭐어~?' … 깜짝 놀랐다는 거지.

이렇게 말에는 당연히 감정과 느낌이 실리기 마련이야. 영어나 우리말이나 똑같은 언어잖아. **What?** 도 이와 똑 같은 상황에서 쓸 수 있어. 중국어에만 사성이 있는 게 아니라니까. ㅋㅋ

참고로 **So what?** 은 '그게 뭐? 그게 어쨌다는 거야?' 라는 표현이고, **Say what?** 은 '뭐라고? 다시 말해 봐' 정도의 의미야. ^^

Useful Expressions

A : They're getting divorced. 그들은 이혼할 거야.
B : **Say what?** 뭐라고?

A : Do you want French fries? 감자튀김 먹을래?
B : **What?** 뭐?

A : He's four years younger than you. 그는 너보다 4살이나 어려.
B : **So what?** 그게 뭐 어때?

Sue : Steve? 스티브?
Steve : **What?** 어?
Sue : Can you help me with this box? 이 상자 드는 것 좀 도와줄 수 있니?

What a drag!
왕짜증이야!

'드래그'라고 하면 마우스의 왼쪽 버튼을 '클릭' 한 상태에서 끌어 당기면서 블록이나 영역을 잡는 동작이야. 지금은 워낙 익숙한 일이지만, 마우스가 Mac 컴퓨터를 쓰는 사람들의 그래픽 도구 정도로만 인식됐던 시절도 있었어. 생전 처음 마우스를 잡아봤던 기억이 나는데 옆에서 친구가 이러더군. '장기 두냐?' ㅋㅋ

drag는 '짜증나게 하거나 혹은 따분하게 하는 일이나 사람'을 말해. 또 불편하고 성가시게 한다는 의미도 있어. 지하철 막차를 한참이나 기다렸다가 겨우 타긴 했는데 종착역이 집까지 가기에는 어림도 없는 상황을 한두 번씩 경험해 봤을 거야. 그런 막차라면 처음부터 택시를 타는 게 나아. 중간에 택시 잡는 것이 더 어렵거든. **What a drag!** 왕짜증이야! ㅠㅠ

또 휴일인데 출근을 해야 할 상황이거나 주말 저녁을 따분하게 집에서 보내야 할 상황에서도 쓸 수 있는 표현이야. ^^

Useful Expressions

I've missed the last train. **What a drag!** 막차를 놓쳐 버렸네, 아 미쳐!

Travelling by public transport is **such a drag!**
대중교통으로 여행하는 것이야말로 정말 불편하다.

A : I've got to work on Sunday. 일요일에도 일해야 해.
B : **What a drag!** 짜증 지대로다!

A : I have to stay home this weekend. 이번 주말에는 집에 있어야 해.
B : **What a drag!** 따분하겠다!

What a mess!
완전 엉망이군!

책상을 보면 그 사람의 성격이나 심리상태를 알 수 있다더군. 책상 위나 서랍 안이 정신이 없고 정돈이 안 되어 있다면, 매사에 빨리 결정을 못하고 일을 미루는 스타일이라는 거야. 사실 작은 일 하나도 결정 못하는 우유부단한 면이 누구에게나 조금씩은 있어. 심하다 싶으면 옆에서 냉정하게 충고 한 마디 던져주는 것도 좋을 것 같아. ^^

What a mess! '완전히 엉망진창, 개판' 이라는 표현이야. 여기서 **mess**는 당연히 '어수선함, 혼잡, 뒤죽박죽'의 의미지. 또 **mess**가 이런저런 시행착오나 실수 때문에 꼬인 아주 힘든 상황을 의미하기도 하는데, 어떻게 풀이되든 이래저래 엉망은 엉망이야. 이런 말 듣기 전에 오늘은 깔끔하게 책상정리나 좀 해야겠는 걸! ㅋㅋ

Useful Expressions

Sorry about the **mess**. 지저분해서 미안.

My life is such a **mess**! 개 같은 내 인생!

I'll help you clean up the **mess**. 내가 정리하는 것 좀 도와 줄게.

What a mess! Pick things up around here! 개판이군! 주변에 지저분한 것들 좀 주워!

What a mess! This place needs straightening up.
완전 엉망이네, 여기는 정리 좀 해야겠다.

A : **What a mess!** You have to clean up this. 엉망이야! 정리 좀 해라.
B : I'm so busy. 너무 바빠서.

125

What do you mean?
무슨 뜻이야? 뭔 소리야?

요즘은 며칠만 PC를 안 하면 왠지 뒤처진다는 느낌이 들어. 얼마 전까지만 해도 블로그, 미니홈피가 한창 인기더니 요즘은 동영상 UCC(User Created Contents)가 뜬다며? 블로그에도 예전에 없던 기능들이 많아졌어. RSS, 트랙백… 매뉴얼 페이지를 읽어봐도 참 개념조차 애매하더군. ^^

What do you mean? 이해가 안 될 때 '무슨 뜻이야?' 라고 묻는 표현이야. 또 상대방으로부터 방금 들은 말에 놀라거나, 화가 날 때 '뭔 소리야?' 정도의 의미로 말할 수 있는 표현이지. 계속해서 이해 못하는(?) 표현들 한 번 만나 볼까? ^^

- What do you mean by that? 그게 무슨 말이야?
- What are you talking about? 무슨 말을 하고 있는거야?
- What's that supposed to mean? 방금 그게 무슨 소리지?
- What the wonder do you mean? 그게 도대체 무슨 뜻이야?

Useful Expressions

A : **What do you mean?** 무슨 말이에요?
B : You know perfectly well what I mean. 무슨 의미인지 잘 알잖아.

A : This blog has always been popular. 이 블로그는 항상 인기가 있어.
B : **What do you mean** by 'blog'? '블로그'가 무슨 뜻이야?

A : Don't you think that's out of fashion? 그 패션 한물간 것 같지 않아?
B : **What do you mean?** These are my best jeans!
뭔 소리야? 내 청바지 중에서 제일 좋은 거야.

A : The price is too high. He can't afford it. 너무 비싸, 그 사람은 살 형편이 못돼.
B : He can't afford it! **What's that supposed to mean?** He's worth millions.
그가 살 형편이 못 된다고? 그게 무슨 말이야? 그 친구 백만장자야.

What do you say?
어떻게 생각해?

어디를 가든지 일 벌이기 좋아하고, 놀러 다니기 좋아하는 사람들이 있어. 늘 주도적으로 제안을 하고 의견을 물어오지. 뜬금없이 삼겹살에 와인을 한 잔 하자고 하지 않나. 오밤중에 영화를 보러 가자고 하질 않나. 나가기 싫다고 하면 하다못해 야식이라도 시켜 먹자는 주의야. ^^

What do you say? '어떻게 생각해?' 제안과 함께 의견을 묻는 표현인데, **say** 대신 **think** 를 써도 마찬가지 의미야. 또 **What do you expect?** 라는 표현도 함께 알아두면 좋겠어. 결과가 실망스럽지만, 놀랄 것은 하나도 없다는 의미야. 사모님이 아침도 안 챙겨 준다고 투덜거리는 팀장님. 불평하시면 안 됩니다. 가슴에 손을 얹고 이번 주 12시 전에 들어가신 게 며칠이나 되시는지… 뭘 기대하십니까? 당연한 거 아닙니까? ㅋㅋ

Useful Expressions

Let's go for a walk. **What do you say?** 산책 하자, 어때?

What do you say to going to the CGV tonight? 오늘 밤에 CGV 가는 거 어때?

We'll just have to forgive and forget. **What do you say?**
우리 없었던 일로 하자, 어때?

A : Well, **what do you say?** 그래, 어떻게 생각해?
B : What do you want me to say? 내가 무슨 말을 하기를 원하는데?

A : The boss thinks I'm lazy, **what do you say?**
사장은 내가 게으르다고 생각해, 네 생각은 어때?
B : What do you expect? 뭘 기대해? (당연한 거 아냐?)

127

What's up?
요즘 어때?

와썹? 이 짧은 표현도 모르고 있으면 도무지 알 수가 없는 표현이야. 외국인이 우리말로 '왔어?' 라고 하는 줄 알고 깜짝 놀랐다는 사람도 있고, 알아 듣기는 들었는데 하늘 한 번 쳐다보고 속으로 '위에 뭐가 있어!' 했다는 사람도 있어. ㅋㅋ

What's up? 은 **What have you been up to?** 의 준말이야. '잘 지내? 요즘 어때? 무슨 일이야?' 의 의미지. 물론 오다가다 첨 보는 사람한테도 그냥 **Hi!** 정도의 의미로 쓸 수도 있어. 이제 우리 **How are you?** 하면, **I'm fine. Thank you, and you?** 하는 이런 판박이 같은 표현은 좀 접어 두자고. 툭 던지듯이 **What's up?** 이라고 해 봐. 십중팔구 **Nothing much.** 라고 할 거야. ^^

참고로 '무슨 문제가 있느냐' 고 물어볼 때 쓸 수 있는 **What's up with** …**?** 도 함께 알아두면 좋겠네. 또 뭐 좀 새로운 거 없나?? ^^

- How's life? 어떻게 살아?
- How's it going? 요즘 어떻게 지내?
- What's new? 뭐 좀 새로운/좋은 일 없어?
- Been good? 잘 지내지?
- How's everything? 다 잘 돼지?

Useful Expressions

What's up with this computer - does it work? 이 컴퓨터 뭐가 문제야, 작동되는 거야?

A : **What's up?** 요즘 어때?
B : Nothing much. How about you? 별일 없어, 넌 어때?

A : Hi, Kate! **What's new?** 안녕, 케이트! 뭐 좀 좋은 일 없어?
B : Nothing. 없는데.

A : **What's up?** 어때?
B : Just the same old, same old! 맨날 그래.

What's wrong?
무슨 일이야?

허리가 좀 아파서 한의원에 갔더니 선생님이 요즘 뭐 걱정거리 있냐고 물어 보시는 거야. 앗! 아니 그럼 요즘 나를 괴롭히는 이 통증의 원인이 스트레스? ㅠㅠ

얼굴에 수심이 가득한 친구에게 말 걸기 딱 좋은 표현이야. **What's wrong?** 무슨 일 있냐고, 뭐가 잘못되었느냐고 묻는 표현이야. 이 정도의 눈치와 관심도 없다면 친구도 아니지. 나중에 골치 안 썩으려면 이런 표현들도 미리미리 챙겨 둬. ^^

- What's the matter? 무슨 일이야?
- What's eating you? 뭐가 골치야?
- What's bothering you? 뭐가 문제야?

Useful Expressions

You look pale. **What's wrong?** 얼굴이 창백하구나, 무슨 일 있니?

What's eating you? Come on, tell me! 뭐 때문에 골치야? 어서 말해 봐!

Hey! **What's the matter with you today?** 이봐! 너 오늘 무슨 일이야?

A : **What's wrong** with him? 쟤 뭐 때문에 저래?
B : I don't know. He's in a really bad mood today.
   몰라, 그 인간 오늘 정말 기분이 안 좋아.

129

Where were we?
우리 어디까지 얘기했지?

얘기만 시작했다 하면 삼천포로 빠지는 사람들이 있어. 꼬리에 꼬리를 물다 보면 어느 새 주제는 한참이나 벗어나고, 그 와중에 잠깐 핸드폰이라도 울리고 나면, 그 꼬리(?)는 어디로 갔는지… ㅋㅋ 결국 자기가 어디까지 얘기 했는지 기억을 못하는 상황이 벌어져. 그럴 때 쓰는 표현 바로 **Where were we?** 혹은 **Where was I?** 야. '우리 어디까지 얘기했지? 내가 어디까지 말했지?'의 의미야. 쉽게 말하면 이런 말 아니겠어? ^^

- What did I just say? 내가 방금 뭐라고 그랬어?
- What was I talking about? 내가 무슨 얘기를 하고 있었지?
- What were we talking about? 우리 무슨 얘기까지 하다 말았지?

문제는 상대방도 기억이 안 난다는 거~. ㅋㅋ

Useful Expressions

Let's see. **Where were we?** 가만있자, 우리가 어디까지 이야기했었지?

A : I'm sorry. My mind is elsewhere. **Where was I?**
　　미안, 정신이 없네, 내가 어디까지 말했어?
B : I just can't remember either. 나도 그냥 기억이 안 나네

A : Excuse me, **where were we?** 미안합니다, 내가 무슨 이야기를 하고 있었지요?
B : Telling me about your kids. 아이들 얘기 하시면 됩니다.
A : Oh, that's right. 아, 맞아요.

Who do you think you are?
네가 뭔데? 너 대단해?

한적한 주택가의 조그만 사무실에서부터 시작된 회사였어. 벤처기업이라고 부르기도 좀 민망한 수준이었지. 식대지원이 뭐야. 도시락이나 사발면을 먹으며 늦게까지 함께 일했어. 말 그대로 한솥밥을 먹은 거지. 그러다 회사 규모가 좀 커지면서 우수한(?) 인력들이 영입되기 시작했어. 소위 대기업 출신들 말이야. 어쭈? 출근한지 얼마나 됐다고 사람들을 죄다 쥐고 흔드는 거야? ㅠㅠ

Who do you think you are? '네가 뭔데? 너 대단해?'라는 말이야. 잘난 척 좀 하는 친구들한테 쓸 수 있는 표현이야. 스파이스 걸스(Spice Girls)의 노래 제목이기도 하지. 참고로 **boss around** 라는 말은 거만하게 보스(boss) 행세한다는 표현이야. 영어공부도 이래라저래라 하지 말라고? ㅋㅋ

- Stop putting on airs. 잘난 척 좀 그만해.
- Who do you think I am? 내가 누군지 알아?
- Don't be a backseat driver! 이래라저래라 하지마!

Useful Expressions

You're bossing people around. **Stop putting on airs.**
사람들을 쥐고 흔들고 있어. 잘난 척 좀 그만해.

A : I'm in charge now. 이제 내가 관리해.
B : **Who do you think you are?** 네가 뭔데?

A : It's time you stopped being a **backseat driver.** 그만 참견할 때도 됐어.
B : You'll be sorry. 후회하게 될 거야.

131

You bet.
당근이지

동사 bet 이 '내기를 걸다'의 의미니까, **You bet!** 은 '내기 해도 좋아, 내기 해!' 다시 말하면, '맞아! 바로 그거야!'라고 맞장구를 치는 표현이야. 오래 전 유행어지만, 지금까지 잘 통하는 '당근이지!'와 딱 들어맞는 표현이지. 또, 고맙다는 말에 **You bet!** 이라고 하면 '천만에!'의 의미가 되기도 해. 길지도 않는 표현인데 쓸모가 많은 표현이야. 이렇게 짤막한 영어표현을 잘해야 진짜 실력 있는거야. 암, 당근이지! ㅋㅋ

상대방의 터무니 없는 주장에 그냥 듣고 넘어가기 싫을 때가 있는데… 내기를 해서라도 이기고 싶은 상황 말이야. 그 때는 '내기 할래?'의 의미로 **(Do you) Want to bet?** 이라고 하면 돼. 그게 아니라고?? 내기 할까? ㅋㅋ

Useful Expressions

A : It's settled, then? 그럼 다 된 거야?
B : **You bet!** 물론이야!

A : Thanks for all your help. 도와줘 고마워요.
B : **You bet.** / Not at all. 뭘요.

A : Are you ready for the exam? 시험준비 다 했니?
B : **You bet!** 당근이지!

A : Would you like to come with me? 저와 함께 가시겠습니까?
B : **You bet!** 응당 가야죠!

You can't beat ~
~가 최고다, 더 좋은 건 없다

내가 남보다 잘 할 수 있는 게 뭐가 있을까… 아무리 생각해 봐도 없는 것 같다고? 뭐 그리 대단한 것이 아니더라도 자기 분야에서 남보다 잘하는 게 있다면 바로 그게 최고인 거야. 얼마 전 TV서 꽈배기 달인들을 본 적이 있는데, 민첩한 손놀림과 관성의 법칙이 오묘하게 결합된 한 편의 예술(?)을 본 느낌이었어. 누가 마빡이 동작을 오래하는지 한 판 붙는 대회도 있었잖아. 응원하는 친구들은 공부를 그렇게 하면 박사를 할 거라고 놀렸지만, 아마 공부도 누구 못지 않게 잘 할 거라 믿어. ^^

You can't beat … '…가 최고다, … 보다 더 좋은 건 없다' 라는 의미야. 더운 여름날 즐기는 한 잔의 시원한 맥주를 생각해 봐. 그보다 더 좋을 순 없지! ㅋㅋ 함께 챙겨 두면 좋을 최고의 표현들이야. ^^

- can't be beat 최고다
- Can you beat it/that? 놀랍지 않아?
- If you can't beat them, join them. 상대를 이길 수 없으면 그 편이 되어버려라.

Useful Expressions

You can't beat Korean TVs. 한국산 TV가 최고다.

You can't beat me at marathon. 마라톤으로는 나를 당할 수 없다.

You can't beat California for good weather. 캘리포니아만큼 좋은 날씨도 없다.

A : We're going out for a beer. Want to join us? 우리 맥주 마시러 가는데 같이 갈래?
B : Yeah, a cold beer on a hot day just **can't be beat.**
그럼! 더위에는 그저 시원한 맥주가 최고지.

133

You can count on me.
나만 믿어

역대 대통령 중에 선거운동 당시, '믿어 주세요'를 유행어로 만들어 결국 당선까지 되신 분이 있잖아? 믿어 달라는 말처럼 신뢰가 가는 말도 없어. 제대한 아들이 부모님 면전에서 무릎까지 꿇고, **You can count on me from now on.** 앞으로 저만 믿으시라고 해봐. 눈물 안 흘릴 부모가 없지. 여친 레포트나 대신 써주면서, '나만 믿어'를 연발하는 것과는 차원이 틀린 얘기야. ^^

이미 끝난 화제의 수목드라마, 〈쩐의 전쟁〉을 보니 몇 십 억도 믿고 척척 맡기더군. 그만큼 실망시키지 않을 만하니까 그런 거 아니겠어? 비슷한 표현들이야. 믿고 챙겨 둬. ㅋㅋ

- You can bank on it. 믿어도 돼.
- You can depend on me. 날 믿어.

Useful Expressions

Ok, **I'm counting on you.** 좋아, 믿어 보겠어.

You can always count on him to help. 도움이 필요하면 언제든 그 분만 믿어.

A : **Can I count on you?** 널 믿어도 될까?
B : Yes, I won't let you down. 믿어, 실망시키지 않을 거야.

A : Oh, really? Can you help me then, please? 오, 정말요? 그럼 저 좀 도와주실래요?
B : Don't worry. **You can count on me.** 걱정 마세요, 저만 믿으세요.

You can say that again!
맞아! 정답이야!

원어민이 진행하는 수업시간에 영어 좀 한다는 초등학생이 대답을 아주 잘했어. 선생님은 **You can say that again!** 이라고 칭찬을 해주었지. 그러자, 그 아이는 정답을 더 크게 말했고, 선생님 역시 몇 번이나 같은 말을 반복했다는 거야. ㅋㅋ 아마도 학생은 **Can you say that again?** 으로 알아 들었을 거야. ^^

You can say that again! 은 '그래요! 맞아! 정답이야!'의 의미거든. 맞다는데 자꾸 대답을 반복하니까, 선생님도 '맞다니까!'를 계속 외친 거지. ㅋㅋ
참고로 **You said it.** 이라는 표현도 있어. 다소 부정적인 의견에 대해 맞장구를 칠 때 많이 써. ^^

- That's true. 그건 사실이야.
- That's right. 바로 그거야.
- You are correct. 네가 옳아.

Useful Expressions

A : This cake is yummy! 이 케이크 맛있네!
B : **You can say that again!** 정말이야!

A : It sure is cold today. 오늘 확실히 춥군.
B : **You can say that again! / You said it.** 동감이야! / 그러게나 말이야.

A : Can you name the capital of Greece? 그리스의 수도는 어디지?
B : Athens. 아테네입니다.
A : **You can say that again!** 딩동댕!

You know what?
그거 알아?

아무리 겸손이 미덕이라지만 자랑할 건 해야지. 등록금이 많이 올라 걱정이었는데 마침 장학금을 타게 됐다든가, 또 이 어려운 난세에 승진을 했다든가 아니면 불가능하다고 생각했던 내 집을 장만하게 됐다면, 그걸 어떻게 참아? 이런 얘기일수록 밉지 않게 뜸을 좀 들일 필요가 있어.

You know what? '그거 알아?' 라고 하면서 운을 띄우는 거야. **You know what I'm going to say?** (내가 말하려고 하는 게 뭔지 아니?)가 줄어든 표현인데… 십중팔구 상대방은 **What?** 이라고 대답할거야. 그러면 그 때 말하면 되는 거야. **I got a promotion!** (나 승진했어!)
같은 의미로 **Guess what?** 도 있으니까 함께 알아두면 좋겠네. 그런데 그거 알아? 요즘은 빨리 승진하는 게 결코 좋은 게 아니라며? ㅋㅋ

Useful Expressions

Guess what? We won the match 2-1. 그거 알아? 우리가 그 경기 2:1로 이겼어.

A : **You know what?** 그거 알아?
B : What? 뭐?

A : **You know what?** I'm finally a homeowner! 있잖아요, 나 드디어 집 장만 했어요!
B : I really envy you. 네가 정말 부럽다.

A : **You know what?** My wife's pregnant. 있잖아? 아내가 임신했어.
B : Congratulations! 축하해!

You know what I mean?
뭔 말인지 알지?

요즘 가장 인기 있는 유행어 중 하나가 바로, **You know what I mean?** '뭔 말인지 알지?!' 야. 대충 운만 띄우면 뭔 말인지 알아들어야. 말로만 **Yeah, I know what you mean.** '아, 뭔 말인지 알겠다' 고 해 놓고 알긴 뭘 아냐고~~ 커서 뭐 될래? 뭐 돼~ ㅋㅋ

학창시절 수학을 싫어했던 나는, 선생님이 중간중간 '뭔 말인지 알지?' 를 말씀하셨지만 실은 하나도 이해가 안 됐어. 이해가 안 되면 무조건 질문 하라는 말씀도 있었지만, 뭘 알아야 질문을 하지. ㅜㅜ
해석도 따로 필요 없어. 다 같은 표현들이야. 뭔 말인지 알지? ㅋㅋ

- You get the idea?
- Don't you understand?
- Do you catch my drift?
- Do you understand me/now?
- Do you understand what I mean?
- Do you know what I'm talking about?
- Do you know/understand what I'm saying?

Useful Expressions

I'm very busy. **You know what I mean?** 저 아주 바빠요, 무슨 말인지 아시겠어요?

A : **You know what I mean?** 뭔 말인지 알지?
B : Uh-huh. / Sort of. 응, / 어느 정도,

A : **Do you catch my drift?** 내 말 뜻 알겠니?
B : Yeah. I know what you mean. 아, 뭔 말인지 알겠다.

A : **Do you understand what I mean?** 뭔 말이지 이해되지?
B : Yes, I understand. / No, I don't understand. 알아들었어, / 이해가 잘 안 되는데,

You never know.
그야 모르지

<u>초등학교</u> 내내 매번 똑같은 곳으로 소풍을 갔어. 그래도 왜 그렇게 그 날을 학수고대했는지 몰라. 한 번은 일기예보에서 내일 비가 온다는 거야. 내일이 바로 소풍 가는 날인데 말이야. 교실에서 김밥 먹고, 장기자랑이나 해야 할 생각을 하니 어린 마음에 밤에 잠을 통 못 잤어. 화창한 소풍날, 난 얼마나 졸리고 피곤했는지 몰라. ㅠㅠ

You nerve know. 사람 일은 모르는 거야. 우리 축구팀이 열세라고 늘 지라는 법 있나? 또 지금은 좀 사는 게 힘들지만, 그야 모르지. 송대관 아저씨 말대로 쨍하고 해 뜰 날이 올지. ^^

'누가 알겠어?' 라는 의미의 **Who knows?** 라는 표현도 함께 알아두면 좋겠네. 낸들 아느냐 정도의 뉘앙스야. 결국 모른다, 관심 없다, 귀찮다는 느낌이 많은 표현이니까 잘 써야겠어. ^^

Useful Expressions

You never know. You might win! 글쎄, 네가 이길 거야!

You never know, I might get lucky. 모르긴 해도, 좋은 일이 생길 거야.

A : Do you think it will rain tomorrow? 내일 비가 올 거 같아?
B : **Oh, you never know,** it could be a nice day.
　　오, 그야 모르지. 날씨가 좋을 수도 있으니까.

A : You know who's talking now, don't you? 지금 이야기하고 있는 사람이 누군지 알지?
B : **Who knows?** 낸들 알아?

You'll be sorry.
두고 봐, 후회하게 될 거야

아이들에게 꿈과 희망을 주기 위해 기획되었다는 초대형 전시 행사장. 사람이 이렇게 붐비는데 안전요원은 보이지도 않아. 이러다 뭔 일 나지. 이런 세상에, 말이 씨가 되었잖아. 저 어린 것이 뭘 잘못 만졌나 봐. 그런데 행사 관계자 말하는 것 좀 들어 봐. 사과는커녕 어른이 애를 똑바로 못 봤다고?? ㅠㅠ

You'll be sorry. '두고 봐.' 그런 식으로 나오면 나에게도 방법이 있지. 언론사, 방송사에 제보를 하자마자, 이 기가 막힌 사건사고는 포털 사이트에 아예 실시간으로 도배가 되었다더군. 고자질은 나쁜 거야. 하지만 원한을 살 만한 일도 해서는 안 되지. 반드시 그 대가를 치르게 될 거야.

목소리부터 깔고 익혀볼 만한 표현들이야. 두고 봐. 나중에 꼭 쓸 때가 있을 거야. ㅋㅋ

- You'll regret it. 후회하게 될 거야.
- You'll get yours later. 두고 봐.
- You'll (have to) pay for it/this! 대가를 치르게 될 거야.

Useful Expressions

If you go now, **you'll be sorry.** 지금 떠나면 후회할 거야.

You'll be sorry. I'll tell Daddy. 두고 봐, 아빠한테 말할 거야.

Stop messing around! **You'll be sorry.** 그만 좀 빈둥거려, 후회하게 될 거야.

A : I will never go back to the States. I would rather die.
미국에는 돌아가지 않을 거야, 그러느니 차라리 죽어버리겠어.
B : **You'll be sorry.** 후회하게 될 거야.

You're kidding.
설마? 농담이지? 무슨 소리!

재수는 기본, 삼수는 선택! 재수를 해보지 않고 인생을 논하지 말라?! 하지만 더 뼈 아픈 얘기가 있지. 해고를 당해보지 않고서 인생을 논할 수 없지. 얼마 전 감상한 영화 〈In Good Company〉에서도 구조조정 장면이 많이 나오던데. 정말 면전에서 '당신 해고야!' 소리를 듣는다고 상상해 봐. 남자들도 울컥 나오는 눈물을 참기 힘들 거야. **You're kidding.** '설마? 농담이죠? 무슨 소리죠?' 라고 말할 수 밖에 없을 거야. 농담이면 어서 농담이라고 말해 달라고 소리칠지도 몰라. '설마' 가 사람 잡는다더니… ㅠㅠ

나갈 때 나가더라도 할 말은 하고 나가야지. 이렇게! ㅋㅋ

- No way! 말도 안 돼!
- No kidding. 설마.
- I don't believe this! 이거 도저히 믿을 수 없어.

Useful Expressions

You fired me? **You're kidding.** 절 해고한다고요? 설마.

Don't get mad. I was only **kidding.** 열 내지 마, 그냥 농담이야.

I'm so nervous. **No kidding,** really. 너무 떨려, 진짜야.

You're kidding, tell me you're kidding. 설마, 농담이면 농담이라고 해.

You've got to be kidding! Who told you? 설마, 누가 그런 소리를 해?

A : We won. 우리가 이겼어.
B : **You're kidding.** 농담이지?

You're wrong.
네가 틀렸어

가까운 사이일수록 정치나 종교 논쟁은 아예 하지도 말아야 해. 이웃끼리 '빨갱이'라는 둥, '이단'이라는 둥… 이게 어디 할 얘기냐고? **You're wrong!** 서로 '네가 틀렸어!' 라고 하지만 내가 보기에는 둘 다 틀린 거 같아. 이거 내가 싸움 날 표현들만 알려주는 거 아닌 지 모르겠어. ㅋㅋ

- You're incorrect. 네가 틀렸어.
- You're way off base. 너 한참 틀렸어.
- You're barking up the wrong tree. 네가 잘못 짚고있는 거야.

way off base는 기초(base)와 떨어져(way) 있다는 말이니까, '한참이나 틀린'의 의미가 되고, **bark up the wrong tree** 라고 하면 말 그대로 '엉뚱한 나무에 대고 짖다' 라는 의미니까 우리말로는 '헛다리 짚다' 정도의 의미가 될거야. 경찰 수사가 맥을 못 잡고 엉뚱한 곳에서 헤매고 있을 때도 이 표현을 쓸 수 있어. 자, 영어공부도 헛다리는 이젠 그만~! ㅋㅋ

Useful Expressions

That's where **you are wrong.** 그것이 네가 틀린 점이야.

Am I wrong? Am I **way off base?** 내가 틀렸어? 내가 한참 틀린 거야?

You're barking up the wrong tree. She was already married.
잘못 짚었어. 그녀는 이미 결혼했어.

A : What do you think? Am I wrong? 어떻게 생각하니? 내가 잘못이니?
B : In my opinion, **you are wrong.** 내 생각엔 네가 틀렸어.

INDEX...

A

Absolutely! 당연하지! … 135
Accept the truth. 사실을 받아들여 … 113
After you. 먼저 하세요 … 16
Any luck? 뭐 좋은 일 없어? … 57
Are you crazy? 너 미쳤냐? … 17
Are you joking? 농담이지? … 18
Are you out of your mind? 너 정신 나갔니? … 17
Are you serious? 농담 아니지? … 18
Are you sure? 정말이야? … 18
Are you with me? 듣고 있니? … 19
… and don't you forget it! 그걸 명심해, 잊지마! … 50

B

Be careful! 조심해! … 20
Be confident! 자신감을 가져! … 56
Be good. 잘 해라 … 24
Be on your best behavior. 얌전하게 있어 … 24
Be quiet! 조용히 해! … 21
Be strong! 강해야 해! … 60
Beat it! 꺼져 … 22
Beats me. 전혀 몰라 … 23
Been good? 잘 지냈지? … 65, 152
Behave yourself. 얌전히 있어 … 24
Believe it or not! 믿거나 말거나 … 70
Best of luck! 행운을 빌겠어! … 57
Big deal. 어쩌라고 … 25
Bingo! 정답이야! … 26
By all means. 그러세요 … 27

C

Call me (anytime). (언제든지) 전화해 … 115
Calm down. 진정해 … 28
Can I speak with you?
당신과 얘기 좀 할 수 있을까요? … 58
Can I steal a minute of your time?
잠깐 시간 좀 뺐어도 될까? … 58
Can I talk to you for a bit/minute?
잠깐 얘기 좀 할 수 있어요? … 58
Can we talk? 우리 얘기 좀 할 수 있어요? … 58

can't be beat 최고다 … 157
Can't you be quiet! 조용히 못 하겠니! … 21
Can you beat it/that? 놀랍지 않아? … 157
Can you squeeze me in?
잠깐 시간 좀 잡아 주시겠어요? … 58
Catch me later! 나중에 얘기해 … 29
Catch you later! 나중에 봐! … 29
Cheer up! 기운 내 … 56
Chill out! 침착해 … 28
Come again? 뭐라고요? … 30
Come on! 어서, 제발, 이거 왜 이래 … 31
Come to the point! 핵심을 말해! … 53
Come to think of it 그러고 보니 … 32
Come to your senses! 정신 좀 차려! … 41
Cool! 죽이는데! … 33
Count me in. 나도 끼워줘 … 34
Count me out. 빼달라고 해 … 34
Cut it/that out! 그만둬! … 133
Cut me some slack. 사정 좀 봐줘 … 54
Cut to the chase. 요점만 말해 … 53

D

Deal with the facts. 사실로 받아들여 … 113
Do it! 해봐! … 56
Do you catch my drift? 뭔 말인지 알지? … 161
Do you have a minute/second? 잠깐 시간 돼? … 58
Do you have some time? 시간 좀 있어? … 58
Do you know what I'm talking about?
뭔 말인지 알지? … 161
Do you know/understand what I'm saying?
뭔 말인지 알지? … 161
Do you understand me/now? 뭔 말인지 알지? … 161
Do you understand what I mean?
뭔 말인지 알지? … 161
Don't be a backseat driver!
이래라저래라 하지마! … 155
Don't be a stranger. 자주 연락해야 돼 … 115
Don't be bad. 미운 짓 하면 안 돼 … 24
Don't beat around the bush. 빙빙 돌리지 마 … 53
Don't do that! 그러지 마! … 133
Don't even go there! 그 얘기까지는 하지 마! … 47
Don't forget! 잊지 마! … 50

Don't get me wrong. 오해는 하지 마 ⋯ 35
Don't get on my nerves. 내 성질 건드리지 마 ⋯ 98
Don't give me that! 핑계가 좋네! ⋯ 36
Don't give up! 포기하지 마! ⋯ 60
Don't let the chance slip by. Do it now!
찬스를 놓치지 말라. 당장 시작해! ⋯ 100
Don't make such a big deal out of it!
별 것도 아닌 걸로 문제 만들지 마! ⋯ 25
Don't mind me. 신경 쓰지 마 ⋯ 37
Don't misunderstand me. 절 오해하지 마세요 ⋯ 35
Don't quit! 그만두면 안 돼! ⋯ 60
Don't rush me! 보채지 좀 마! ⋯ 38
Don't sweat it. 너무 걱정 마, 걱정 마 ⋯ 39, 40
Don't take this the wrong way. 오해는 하지 마 ⋯ 35
Don't talk about it! 그 얘기는 하지 마! ⋯ 47
Don't underestimate yourself!
널 과소평가하지 마! ⋯ 56
Don't wait for me. 기다리지 마세요 ⋯ 16
Don't worry! 걱정 마 ⋯ 40
Don't you understand? 뭔 말인지 알지? ⋯ 161
Dream on! 꿈 깨! ⋯ 41
Drop by anytime. 언제든 들려 ⋯ 42
Drop me a line. 소식 주라 ⋯ 115
Drop the subject. 그 얘기는 그만해 ⋯ 47

E

Easy does it! 서둘지 마! 조심해! 침착해! ⋯ 46, 138
Enough is enough! 이제 그만, 그쯤 해둬 ⋯ 47
Enough said. 그만 됐어 ⋯ 47
Everyone's nerves are on edge.
모두 다 신경이 곤두섰어 ⋯ 88
Expense is no object. 비용 불문 ⋯ 119

F

Face reality. 현실을 받아들여 ⋯ 113
Face the facts. 사실을 직시해. ⋯ 113
First come, first served! 선착순! ⋯ 48
First things first 중요한 것부터 먼저 ⋯ 49
For real? 진짜? ⋯ 18
For sure? 확실해? ⋯ 18
For what reason? 잠깐 기다려 ⋯ 64

Forget it! 별거 아냐! 그만해! 안 돼! ⋯ 50
Forget you/that! 당치 않아! 불가능해 ⋯ 50
Frankly 솔직히 말해서 ⋯ 51
frankly speaking 솔직히 말하자면 ⋯ 51

G

Get real! 정신 차려! ⋯ 41
Get the picture? 감 잡았어? 이해가 돼? ⋯ 52
Get to the point! 요점만 말해! ⋯ 53
Give me a break. 좀 봐줘, 그만 해 ⋯ 54
Give me a call. 전화해 ⋯ 115
Give me some more time. 시간 좀 더 줘요 ⋯ 54
Gladly! 기꺼이! ⋯ 135
Go ahead. 어서 해, 계속 해 ⋯ 55
Go easy on her! 그녀에게 잘해! ⋯ 138
Go for it! 자, 해봐! ⋯ 56
Good grief! 에구구 ⋯ 127
Good luck! 행운을 빌어! ⋯ 57
Got a minute? 잠깐 시간 돼? ⋯ 58
Gotcha! 알았어! 좋아! 잡았어! ⋯ 59

H

Hang in there. 견뎌봐 ⋯ 60
Hang tough! 밀어 부쳐! ⋯ 60
Have a heart.
제발 부탁이야(무심하게 그러지 말고) ⋯ 54
Help yourself. 마음껏 드세요 ⋯ 61
Here's your chance. 지금이 찬스야 ⋯ 100
Hold on. 잠시만요 ⋯ 62
Hold your horses! 침착해! 잠깐! ⋯ 28
How about …? 어때? ⋯ 63
How are things going? 잘 지내지? ⋯ 65
How are you doing? 어떻게 살아? ⋯ 65
How are you? 잘 지내? ⋯ 65
How come? 이유가 뭐야? ⋯ 64
How comes it that…? 잠깐 기다려 ⋯ 64
How have you been? 그 동안 어떻게 지냈어? ⋯ 65
How's everything? 잘 되지?, 다 잘 되지? ⋯ 65, 152
How's it going? 요즘 어떻게 지내? ⋯ 65, 152
How's life? 어떻게 살아? ⋯ 65, 152
How's your business? 사업이 요즘 어때? ⋯ 65

Index 167

Hurry up! 서둘러! … ▶ 114
Hush! 쉬! … ▶ 21

I ate too much. 너무 많이 먹었어 … ▶ 85
I bet. 분명, 틀림없이 … ▶ 68
I bet he's looking forward to that hot gochujang.
그는 분명 매운 고추장 생각이 간절할 거야 … ▶ 68
I can/can't tell you.
내 말 좀 들어 봐, 정말이지 … ▶ 80
I can't afford it. 그럴만한 여유가 없어요 … ▶ 69
I can't believe this! 설마 이럴 수가! … ▶ 70
I can't eat another bite. 한 입도 더 못 먹어 … ▶ 85
I can't eat anymore. 더는 못 먹어 … ▶ 85
I can't help it 내가 어쩌겠어 … ▶ 71
I can't stand it. 못 참겠어 … ▶ 73
I can't wait. 너무 기대돼 … ▶ 72
I clean forgot about it. 까맣게 잊고 있었어 … ▶ 92
I completely forgot it. 완전히 잊고 있었어 … ▶ 92
I couldn't believe my eyes.
내 눈을 의심하지 않을 수 없었다 … ▶ 70
I couldn't control myself.
나도 감정을 억제할 수 없었어 … ▶ 71
I couldn't help myself. 나도 어쩔 수가 없었어 … ▶ 71
I don't believe a word. 난 한마디도 안 믿어 … ▶ 70
I don't believe this!
이거 도저히 믿을 수 없어 … ▶ 164
I don't care. 상관없어 … ▶ 74
I don't have a clue. 난 전혀 몰라 … ▶ 23
I don't know. 몰라 … ▶ 23
I don't quite feel myself today.
오늘은 컨디션이 별로야 … ▶ 81
I feel a little under the weather.
몸이 좀 안 좋아 … ▶ 81
I feel pretty rough. 몸이 상당히 안 좋아 … ▶ 81
I feel run-down. 나 몹시 지쳤어 … ▶ 84
I feel sick. 속이 안좋아(토할 거 같아) … ▶ 87
I feel stuffed. 이젠 배불러 … ▶ 85
I get it. 알겠어 … ▶ 78
I give you my word. 약속해 … ▶ 77
I got tongue-tied. 말문이 막혔다 … ▶ 102
I got you. 내가 낸다 … ▶ 101

I guess so. 그렇지 뭐 … ▶ 79
I have a million things to do.
할 일이 태산이야 … ▶ 89
I have butterflies in my stomach.
마음이 조마조마해 … ▶ 88
I have my hands full. 몹시 바빠 … ▶ 89
I have no idea. 전혀 몰라 … ▶ 23
I have something to tell you.
나 너한테 할 얘기 있어 … ▶ 58
I haven't the slightest idea. 조금도 몰라 … ▶ 23
I hope to see you again. 또 봤으면 좋겠어 … ▶ 29
I just remembered! 지금 막 생각났다! … ▶ 32
I know you can do it! 너라면 할 수 있어! … ▶ 60
I mean it. 정말이야. 농담 아냐 … ▶ 76
I mean. 그러니까 말이지 … ▶ 76
I messed up. 죽 쒔어 … ▶ 75
I promise. 약속할게 … ▶ 77
I see your point. 무슨 말인지는 알겠어 … ▶ 78
I see. 알겠어, 알았어 … ▶ 78
I suppose so. 그럴 거야, 그러지 뭐 … ▶ 79
I swear. 맹세해 … ▶ 77
I tell you. 이건 정말인데, 정말이지 … ▶ 80
I think I'm coming down with something.
뭐에 걸렸나 봐 … ▶ 81
I told you. 내가 뭐랬어 … ▶ 82
I understand. 이해 돼 … ▶ 78
I want to know why. 잠깐만 … ▶ 64
I want you to be on your best behavior.
얌전히 있어야 한다 … ▶ 24
I was nervous wreck.
너무 초조했어(신경쇠약 환자 수준이었어) … ▶ 88
I was on pins and needles.
난 초조해 가만히 있질 못했어 … ▶ 88
I was out of control. 난 자제력을 잃었어 … ▶ 71
I won't be minute. 잠깐이면 돼 … ▶ 62
I'll be in touch. 연락할게 … ▶ 115
I'll believe it when I see it.
내 눈으로 똑똑히 봐야 믿겠어 … ▶ 70
I'll catch up with you later.
나중에 따라 갈게요 … ▶ 16
I'll follow later. 뒤따라 갈게요 … ▶ 16
I'll get/cover it. 내가 낼게 … ▶ 101
I'll give it some(serious) thought.

(진지하게) 생각해 볼게요. ···▶ 83
I'll have to think about it.
생각 좀 해봐야겠는데 ···▶ 83
I'll keep my fingers crossed for you.
잘 되길 바래 ···▶ 57
I'll pay this time. 이번에 내가 낸다 ···▶ 101
I'll pick up the tab. 계산은 내가 할 거야 ···▶ 101
I'll seriously think about it.
곰곰이 생각해 볼게요 ···▶ 83
I'll sleep on it. 시간을 갖고 생각해 보겠어 ···▶ 83
I'll take it under consideration.
한 번 고려해 보죠 ···▶ 83
I'll think about it. 생각해 볼게 ···▶ 83
I'm beat. 뻗겠어 ···▶ 84
I'm bursting. 배가 터질 것 같아 ···▶ 85
I'm counting on you. 난 널 믿는다 ···▶ 60
I'm counting the minutes.
손꼽아 기다리고 있어 ···▶ 72
I'm dead tired. 너무 피곤해 ···▶ 84
I'm drawing a blank. 아무 생각이 나지 않아 ···▶ 102
I'm easy. 난 아무래도 좋아 ···▶ 74
I'm exhausted. 지친다 ···▶ 84
I'm full. 배불러 ···▶ 85
I'm just looking. 그냥 구경만 할게요 ···▶ 86
I'm just not feeling up to par today.
오늘은 평소만큼 기분이 좋지 않네 ···▶ 81
I'm looking forward to it. 기대하고 있어 ···▶ 72
I'm not in any hurry. 난 급할 거 없어 ···▶ 146
I'm overloaded with work. 일이 너무 많아 ···▶ 89
I'm sick and tired of it. 아주 지긋지긋해 ···▶ 87
I'm sick to death of it! 지겨워 돌아가시겠어 ···▶ 87
I'm so absent-minded.
내가 좀 깜박깜박 하잖아 ···▶ 92
I'm so nervous. 너무 긴장돼 ···▶ 88
I'm stuffed. 배가 꽉 찼어 ···▶ 85
I'm swamped with work. 할 일이 산더미야 ···▶ 89
I'm telling you 정말이야 ···▶ 80
I'm tied up. 너무 바빠 ···▶ 89
I'm up to my ears with work.
눈코 뜰 새도 없어 ···▶ 89
I'm very/pretty/too busy. 난 꽤나 바쁘다 ···▶ 89
I've been out of sorts for a day or two.
어제 오늘 기분이 별로야 ···▶ 81

I've been pushed all day long.
나는 하루 종일 바빴다 ···▶ 95
I've been rushed off my feet all day long.
하루 종일 발에 땀나도록 뛰어다녔어 ···▶ 95
I've got a touch of cold. 감기 기운이 좀 있어 ···▶ 81
I've got the message. 뭔 말인지 알겠어 ···▶ 78
I've had enough. 충분히 먹었어 ···▶ 85
I've had such a hard/heavy day.
아주 힘든 하루였어 ···▶ 95
If you can't beat them, join them.
상대를 이길 수 없으면 그 편이 되어버려라 ···▶ 157
If you say so. 그렇다면 그런 거겠지 ···▶ 79
It depends. 상황 봐서 ···▶ 90
It doesn't matter. 상관없어 ···▶ 74
It is across to you. 그것은 너의 책임이다 ···▶ 103
It makes no difference to me.
나한테는 중요하지 않아 ···▶ 74
It serves you right. 인과응보야, 당해도 싸 ···▶ 91
It slipped my mind. 깜박했다! ···▶ 92
It tastes great! 맛이 기가 막히네! ···▶ 96
It's a breeze. 누워서 떡 먹기야 ···▶ 122
It's a done deal. 이미 결정이 된 거야 ···▶ 93
It's a matter of life and death.
이것은 생사가 걸린 문제야 ···▶ 49
It's a snap. 간단하지 ···▶ 122
It's about time! 그럴 만한 때도 됐어! ···▶ 94
It's all/entirely up to you.
모든 것은/전적으로 너한테 달렸어 ···▶ 103
It's already a fact of life.
이건 어쩔 수 없는 현실이야 ···▶ 113
It's been a busy/rough day.
바쁜/고된 하루였어 ···▶ 95
It's been a long day. 힘든 하루였어 ···▶ 95
It's delicious! 맛있어! ···▶ 96
It's driving me crazy. 미쳐 버리겠어 ···▶ 97
It's easy. 그건 쉬워 ···▶ 122
It's getting on my nerves. 신경 쓰여 ···▶ 98
It's my treat. 내가 쏘는 거야 ···▶ 101
It's my turn today. 오늘은 내가 낼 차례야 ···▶ 101
It's no big deal. 이거 별거 아냐 ···▶ 25
It's nothing. 별거 아냐 ···▶ 40, 99
It's now or never. 지금이 절호의 기회야 ···▶ 100
It's on me. 내가 낼게 ···▶ 101

Index 169

It's on the house. (주인이) 서비스입니다 … 101
It's on the tip of my tongue.
입에서만 뱅뱅 돌아 … 102
It's out of my budget. 예산 초과야 … 69
It's piece of cake. 식은 죽 먹기다 … 122
It's the chance of a lifetime.
일생의 다시없는 최고의 기회다 … 100
It's time to go. 가야 할 시간이야 … 114
It's too expensive. 너무 비싸요 … 69
It's up to you. 너한테 달렸어 … 103
It's your turn. 네 차례야 … 104
It's/That's none of your business.
당신과 관계없는 일이야 … 118

J

Join the club. 나도 마찬가지야. 동지 만났네 … 105
Just a little more! 조금만 더! … 60
Just a moment/second! 잠깐 기다려 … 62
Just think! 한번 상상해 봐! … 106

K

Keep in touch. 계속 연락하자 … 115
Keep me posted/informed.
계속 소식 좀 전해줘 … 115
Keep on plugging away!
계속 열심히!, 계속 열심히 해봐! … 56, 60
Keep on working! 계속 해봐! … 60
Keep quiet! 조용히 있어!, 잠자코 있어 … 21
Keep trying! 더 노력해 봐! … 60
Keep up the good work! 계속 그렇게 하면 돼! … 56
Keep working hard! 열심히 계속 해봐! … 60
Keep your chin up! 기죽지 마(고개를 들어) … 56
Keep your shirt on! 흥분하지 마! … 28
Keep your voice down! 목소리 좀 낮춰! … 21
Knock it off!
조용히 해!, 시끄러워 그만 해! … 21, 133

L

Later! 또 봐! … 29
Leave me alone. 나 좀 내버려 둬 … 110

Let me get it. 내가 한턱낼게 … 101
Let me know 알려줘 … 111
Let me pay. 내가 쏠게 … 101
let me tell you 정말이거든 … 80
Let me think it over. 생각 좀 해보자 … 83
Let me treat you. 제가 사는 겁니다 … 101
Let's be realistic. 현실적으로 생각합시다 … 113
Let's both pay half. 반반씩 냅시다 … 101
Let's call it a day! 오늘은 여기까지! … 112
Let's call it quits. 오늘은 여기까지! … 112
Let's come back to the point at issue.
쟁점으로 다시 돌아갑시다 … 53
Let's face it! 현실을 직시해! … 113
Let's finish working. 오늘 일은 그만하자 … 112
Let's get a move on! 서두르자! … 114
Let's get down to business. 본론으로 들어가죠 … 53
Let's get going! 갑시다! … 114
Let's hit the road. 빨리 출발하자 … 114
Let's keep in touch. 연락하고 지냅시다 … 115
Let's not talk about it! 그 얘기는 우리 하지 말자 … 47
Let's see 어디 보자, 가만 있자 … 116
Let's stop for the day. 오늘은 그만 하자 … 112
Look who's talking!
너나 잘해! 사돈 남 말하네! … 117

M

M.Y.O.B. ㄴ.ㄴ.ㅈ.ㅎ. ('너나 잘해'의 준말) … 118
Mind your head! 머리 조심!, (낮은 천장) … 20
Mind your own business! 너나 잘하세요! … 118
Money is no object. 돈은 문제가 아니다 … 119
Money talks! 돈이면 만사해결 … 119
My compliments to the chef.
(격식 있게) 음식이 훌륭합니다 … 96
My family comes first. 가족이 최우선이다 … 49
My hands are full/tied.
너무 바빠 손을 놓지 못해 … 89
My mind is a (complete) blank.
전혀 생각이 안나. 멍해 … 102
My mind went blank.
내 머리가 텅 비는 것 같았다 … 102
My pleasure. 별 말씀을 … 120

N

Never fear. 겁먹지 마 ··· 40
Never mind. 신경 쓰지 마 ··· 40, 121
No hard feelings. 나쁜 감정은 없어요 ··· 35
No kidding. 설마! ··· 164
No problem. 문제없어, 별거 아냐 ··· 40, 122
No rush. 서두르지 마 ··· 38
No sweat. 껌이지 ··· 122
No thanks. 고맙지만 됐어요 ··· 123
Not to worry. 걱정할 것 없어 ··· 40
No way! 말도 안 돼! ··· 124, 164
No wonder. 당연해, 놀랄 것도 없어 ··· 125
Now is the time/moment to act.
지금이 움직일 때다 ··· 100
Now you're talking!
바로 그거야! 그렇게 나와야지! ··· 126

O

Of all the nerve! 경우가 없네! ··· 98
Oh, Boy! 이런! 와우! ··· 127
Oh, brother! 이런, 어이쿠! ··· 127
Oh, my! 오, 이런! ··· 127
Oh, my gosh! 아니, 이런 ··· 127
Oh, no. 이런, 맙소사! ··· 127
One moment, please! 잠깐 기다리세요 ··· 62
Opportunity is knocking. 지금이 기회야 ··· 100
Opportunity seldom knocks twice.
기회는 다시 오지 않아 ··· 100

P

Please don't distress yourself. 걱정하지 마세요 ··· 40

Q

Quit doing that! 그만해! ··· 133

R

Really? 진짜야? 사실이야? ··· 128
Really? 정말? ··· 18

Relax. 긴장 풀어 ··· 28

S

Same here. 나도 그래, 나도 마찬가지야 ··· 129
Say no more. 그만 말해 ··· 47
See you (later/again)! (조만간) 또 봐 ··· 29
Shake a leg! 서둘러!(다리를 움직여!) ··· 114
Shut up! 입 닥쳐! ··· 21
Since when? 언제부터? ··· 130
So far, so good. 지금까지는 좋아 ··· 131
Something came up. 갑자기 일이 생겼어 ··· 132
So what? 그게 뭐? ··· 25
Ssh! 쉿! ··· 21
Stick to the facts. 현실을 직시해 ··· 113
Stop beating around the bush.
쓸데없는 소리 그만해! ··· 53
Stop it! 그만해! ··· 133
Stop putting on airs. 잘난 척 좀 그만 해 ··· 155
Stop rushing me. 그만 좀 보채 ··· 38
Stop that! 그만! ··· 133
Suit yourself. 알아서 해 ··· 134
Sure. 물론, 당근 ··· 135
Sure thing! 암! 물론! ··· 135

T

Take it easy!
맘 편히 먹어! 진정해, 살살해 ··· 28, 138
Take it or leave it. 싫으면 관둬 ··· 139
Take your time. 천천히 해 ··· 140
Tell me about it. 누가 아니래 ··· 141
Tell me why? 잠깐만! ··· 64
Tell you what 이렇게 하시죠 ··· 142
That does it. 그만 됐어 ··· 47
That makes sense. 말 되네, 듣고 보니 알겠어 ··· 143
That's enough. 그만 됐어 ··· 47
That's funny. 거참 이상하네 ··· 144
That's not a big deal. 그게 뭐 대수야 ··· 25
That's right. 바로 그거야 ··· 159
That's that. 이것으로 끝, 그럼 그렇게 해 ··· 145
That's true. 그건 사실이야 ··· 159
That's your problem.

Index 171

네가 알아서 할 일이야. 네 문제야. … 103
That was a wonderful meal.
훌륭한 식사였습니다 … 96
The choice/decision is (all) up to you.
선택은/결정은 네가 하는 거야 … 103
The funny thing is, … 재미있는 사실은 말이야 … 144
There is little time to spare.
꾸물거릴 시간이 없어 … 100
There must be some misunderstanding.
무슨 착오가 있었던 모양이네요 … 35
There seems to be no need to hurry.
서둘 필요가 없는 것 같다 … 146
There's no hurry. 급할 거 없어 … 146
There's no need to be in such a tearing hurry.
그렇게 정신없이 서두를 필요 없어 … 38
There's no time left. 시간이 없어 … 114
There's no(need to) rush. 급할 거 없어 … 38
The time has come to act.
행동해야 할 때가 왔다 … 100
This has been a rough day. 지독한 하루였어 … 95
This is crazy. 이건 말도 안 돼 … 17
This was the best meal I've ever been.
최고의 음식이었습니다 … 96
Time's up. 시간이 다 됐어요 … 114
To be frank (with you) 솔직히 말하면 … 51
To tell (you) the truth 사실대로 말하면 … 51
Try it! 도전해! … 56

W

Wait a minute/second! 잠깐만! … 62
Wake up and smell the coffee!
냉수 먹고 속 차려! … 41
We don't have all day.
우리는 그렇게 시간이 많지 않아 … 114
We need to go now. 우리 지금 가야 해 … 114
We need to talk. 우리 얘기 좀 하지 … 58
We're running out of time. 시간이 거의 없어 … 114
What? 뭐? 뭐. 뭐어~? … 147
What a (busy) day! 힘든 하루였다! … 95
What a drag! 왕짜증이야! … 148
What a mess! 완전 엉망이군! … 149
What a nerve! 이런 건방진! … 98

What a rip-off! 완전 바가지야! … 69
What are you talking about?
무슨 말을 하고 있는 거야? … 150
What did I just say? 내가 방금 뭐라고 그랬어? … 154
What do you mean? 무슨 뜻이야? 뭔 소리야? … 150
What do you mean by that? 그게 무슨 말이야? … 150
What do you say? 어떻게 생각해? … 151
Whatever! 아무래도 상관없어 … 74
What on earth do you mean?
도대체 무슨 의미야? … 150
What's new? 뭐 좀 좋은 일 없어? … 65
What's so funny? 뭐가 그렇게 웃겨? … 144
What's that supposed to mean?
방금 그게 무슨 소리지? … 150
What's the hurry? 뭐 그리 급해? … 146
What's the point? 요점이 뭐야? … 53
What's the rush? 왜 이리 서둘러? … 38
What's up? 요즘 어때? … 65, 152
What's wrong? 무슨 일이야? … 153
What's your point? 네가 말하고 싶은 게 뭐야? … 53
What the wonder do you mean?
그게 도대체 무슨 뜻이야? … 150
What was I talking about?
내가 무슨 얘기를 하고 있었지? … 154
What were we talking about?
우리 무슨 얘기까지 하다 말았지? … 154
When you think about it, 생각해 보니 … 32
Where have you been keeping yourself?
그 동안 어디서 뭐하고 지낸 거야? … 65
Where is the fire? 어디 불이라도 났니? … 146
Where were we? 우리 어디까지 얘기했지? … 154
Who cares? 내 알 바 아니지 … 25
Who do you think I am? 내가 누군지 알아? … 155
Who do you think you are?
네가 뭔데? 너 대단해? … 155
Why? 잠깐이면 돼? … 64
Why's that? 잠깐 기다리세요? … 64
With pleasure! 기꺼이 그러지! … 135

You are correct. 네가 옳아 … 159
You bet. 당근이지 … 156

You better believe it! 믿으라니까! ⋯▶ 70
You can bank on it. 믿어도 돼 ⋯▶ 158
You can count on me. 나만 믿어 ⋯▶ 158
You can depend on me. 날 믿어 ⋯▶ 158
You can say that again! 맞아! 정답이야! ⋯▶ 159
You can't be too careful.
아무리 조심해도 지나치지 않아 ⋯▶ 20
You can't beat …
…가 최고다, 더 좋은 건 없다 ⋯▶ 157
You decide. 네가 결정해 ⋯▶ 103
You get the idea? 뭔 말인지 알지? ⋯▶ 161
You go first. 먼저 가세요 ⋯▶ 16
You know what I mean? 뭔 말인지 알지? ⋯▶ 161
You know what? 그거 알아? ⋯▶ 160
You'll (have to) pay for it/this!
대가를 치르게 될 거야! ⋯▶ 163
You'll be sorry. 두고 봐. 후회하게 될 거야 ⋯▶ 163
You'll get yours later. 두고 봐 ⋯▶ 163
You'll regret it. 후회하게 될 거야 ⋯▶ 163
You make me sick.
너 때문에 화나(장난으로) 약 오르네 ⋯▶ 87
You mean…? 그러니까 당신 말은…? ⋯▶ 76
You misunderstand me. 절 오해하고 있어요 ⋯▶ 35
You must decide what your priorities are.
중요한 것이 무엇인지부터 정해 ⋯▶ 49
You never know. 그야 모르지 ⋯▶ 162
You're acting improperly.
너 지금 적절치 못한 행동을 하는 거야 ⋯▶ 24
You're barking up the wrong tree.
네가 잘못 짚고 있는 거야 ⋯▶ 165
You're being quite stupid. 너 꽤나 어리석구나 ⋯▶ 41
You're driving me crazy/nuts/up the wall.
너 땜에 내가 미쳐 ⋯▶ 97
You're getting on my nerves!
신경 거슬리게 만들지! ⋯▶ 98
You're in luck. 운 좋으시네요 ⋯▶ 57
You're incorrect. 네가 틀렸어 ⋯▶ 165
You're kidding.
설마? 농담이지? 무슨 소리! ⋯▶ 17, 164
You're making a scene. 너 때문에 소란이야 ⋯▶ 24
You're making me crazy. 너 때문에 돌겠어 ⋯▶ 97
You're misbehaving.
너 지금 잘못하고 있는 거야 ⋯▶ 24

You're on the right track! 너 잘하고 있는 거야! ⋯▶ 56
You're really annoying me.
너 때문에 아주 짜증이야 ⋯▶ 97
You're way off base. 너 한참 틀렸어 ⋯▶ 165
You're wrong. 네가 틀렸어 ⋯▶ 165
You've got the wrong end of the stick.
네가 오해하고 있는 거야 ⋯▶ 35
You've got your priorities all back to front.
넌 뭐가 중요한지 몰라(앞뒤가 바뀌었어) ⋯▶ 49

Index 173

웃기는 英선생 시리즈

1판 1쇄 인쇄\2007년 11월 15일	1판 1쇄 발행\2007년 11월 20일
우편번호\143-849	주　　소\서울 광진구 능동 253-21
저　　자\양희성	전화번호\(02)447-3157~8
발 행 인\이미옥	팩스번호\(02)447-3159
정　　가\9,000원	등록번호\220-90-18139
발 행 처\디지털북스	등 록 일\1999년 9월 3일

Copyright ⓒ 2007 Digital Books Publishing Co.,Ltd

저자합의
인지생략

웃기는 英선생 시리즈

www.digitalbooks.co.kr

ISBN\978-89-6088-016-0

D-07-15

* 이 책의 일부 혹은 전체 내용에 대한 무단 복사, 복제, 전재는 저작권법에 저촉됩니다.